2019年主题出版重点出版物

“十三五”国家重点图书出版规划项目

绿色发展新理念

绿色大学

生态环境部宣传教育中心◇主编

人民日报出版社
北 京

图书在版编目（CIP）数据

绿色发展新理念. 绿色大学 / 生态环境部宣传教育中心主编. -- 北京：人民日报出版社, 2020. 9
ISBN 978-7-5115-5758-2

Ⅰ. ①绿… Ⅱ. ①环… Ⅲ. ①绿色经济—经济发展—研究—中国 Ⅳ. ①F124.5

中国版本图书馆CIP数据核字(2020)第289175号

书　　名： 绿色发展新理念. 绿色大学
LÜSE FAZHAN XIN LINIAN . LÜSE DAXUE
作　　者： 生态环境部宣传教育中心

出 版 人： 刘华新
责任编辑： 袁兆英　刘晴晴
封面设计： 邢海燕

出版发行： 人民日报出版社
社　　址： 北京金台西路2号
邮政编码： 100733
发行热线： （010）65369509　65369527　65369846　65363528
邮购热线： （010）65369530　65363527
编辑热线： （010）65363105
网　　址： www.peopledailypress.com
经　　销： 新华书店
印　　刷： 大厂回族自治县彩虹印刷有限公司
法律顾问： 北京科宇律师事务所 010-83622312

开　　本： 880mm × 1230mm　1/32
字　　数： 138千字
印　　张： 6
版次印次： 2020年9月第1版　2020年9月第1次印刷

书　　号： ISBN 978-7-5115-5758-2
定　　价： 38.00元

习近平谈生态文明

加快生态文明体制改革，建设美丽中国。

——党的十九大报告

生态文明建设是关系中华民族永续发展的根本大计。生态兴则文明兴，生态衰则文明衰。

——在全国生态环境保护大会上的重要讲话

2018年5月18日

我们要建设的现代化是人与自然和谐共生的现代化，既要创造更多物质财富和精神财富以满足人民日益增长的美好生活需要，也要提供更多优质生态产品以满足人民日益增长的优美生态环境需要。

——党的十九大报告

生态环境是关系党的使命宗旨的重大政治问题，也是关系民生的重大社会问题。

——在全国生态环境保护大会上的重要讲话

2018年5月18日

我们既要绿水青山，也要金山银山。宁要绿水青山，不要金山银山，而且绿水青山就是金山银山。我们绝不能以牺牲生态环境为代价换取经济的一时发展。我们提出了建设生态文明、建设美丽中国的战略任务，给子孙留下天蓝、地绿、水净的美好家园。

——在哈萨克斯坦纳扎尔巴耶夫大学的讲演

2013年9月7日

倡导简约适度、绿色低碳的生活方式，反对奢侈浪费和不合理消费，开展创建节约型机关、绿色家庭、绿色学校、绿色社区和绿色出行等行动。

——党的十九大报告

编委会

《绿色发展新理念·绿色大学》

总　序

生态文明建设是关系中华民族永续发展的根本大计。党的十八大以来，以习近平同志为核心的党中央站在坚持和发展中国特色社会主义、实现中华民族伟大复兴中国梦的战略高度，把生态文明建设和生态环境保护摆在治国理政的重要位置，谋划开展了一系列根本性、开创性、长远性工作，推动生态文明建设从实践到认识发生历史性、转折性、全局性变化。

2018年5月召开的全国生态环境保护大会正式确立了习近平生态文明思想，这是大会最大的亮点，是标志性、创新性、战略性的重大理论成果。习近平生态文明思想内涵十分丰富，集中体现为生态兴则文明兴、生态衰则文明衰的深邃历史观，人与自然和谐共生的科学自然观，绿水青山就是金山银山的绿色发展观，良好生态环境是最普惠的民生福祉的基本民生观，山水林田湖草是生命共同体的整体系统观，用最严格制度保护生态环境的严密法治观，全社会共同建设美丽中国的全民行动观，共谋全球生态文明建设的共赢全球观。习近平生态文明思想是习近平新时代中国特色社会主义思想的重要组成部分，深刻回答了“为什么建设生态文明、建设什么样的生态文明、怎样建设生态文明”等重大理论和实践问题。

做好新时代生态环境保护工作，最根本的就是要深入学习贯彻习近平生态文明思想和全国生态环境保护大会精神。习近平总书记在全国生态环境保护大会上强调，要自觉把经济社会发展同生态文明建设统筹起来，加快形成绿色发展方式和生活方式。在2018年中央经济工作会议上，总书记将加快绿色发展作为我国重要战略机遇期的新内涵。党的十九大报告特别指出，我们要建设的现代化是人与自然和谐共生的现代化，既要创造更多物质财富和精神财富以满足人民日益增长的美好生活需要，也要提供更多优质生态产品以满足人民日益增长的优美生态环境需要。

推进绿色发展是实现人与自然和谐共生的必由之路。党的十九大报告指出，要加快建立绿色生产和消费的法律制度和政策导向，建立健全绿色低碳循环发展的经济体系。构建市场导向的绿色技术创新体系，发展绿色金融，壮大节能环保产业、清洁生产产业、清洁能源产业。推进能源生产和消费革命，构建清洁低碳、安全高效的能源体系。推进资源全面节约和循环利用，实施国家节水行动，降低能耗、物耗，实现生产系统和生活系统循环链接。倡导简约适度、绿色低碳的生活方式，反对奢侈浪费和不合理消费，开展创建节约型机关、绿色家庭、绿色学校、绿色社区和绿色出行等行动。我们要坚定不移贯彻绿色发展理念，进一步发挥生态环境保护的倒逼作用，加快推动经济结构转型升级、新旧动能接续转换，在高质量发展中实现高水平保护、在高水平保护中促进高质量发展。

如何把绿色发展方式和生活方式的新理念贯穿到中小学、大学、社区、家庭、乡村、企业、机关，让更多的人选择绿色出行、绿色消费，了解绿色学习中心、绿色建筑、绿色供应链，是我们在新时代践行绿色发展需要大力解决的实际问题。为此生态环境部宣传教育中心组织了有关部属单位以及清华大学、北京师范大学、首都师范大学、北京教育科学研究院、北京市环境保护宣传中心、江苏省环境保护宣传教育中心、中环联合（北京）认证中心有限公司、公众与环境研究中心（IPE）等机构的数十位专家及学者共同编写了这套“绿色发展新理念·建设美丽中国”系列丛书。

“绿色发展新理念·建设美丽中国”系列丛书包括《绿色发展新理念·绿色乡村》《绿色发展新理念·绿色学校》《绿色发展新理念·绿色家庭》《绿色发展新理念·绿色机关》《绿色发展新理念·绿色企业》《绿色发展新理念·绿色大学》《绿色发展新理念·绿色消费》《绿色发展新理念·绿色建筑》《绿色发展新理念·绿色供应链》《绿色发展新理念·绿色学习中心》《绿色发展新理念·绿色出行》《绿色发展新理念·绿色社区》，共计12册。本套丛书旨在全面落实习近平生态文明思想和全国生态环境保护大会精神，推动形成绿色发展方式和生活方式，提高社会公民，尤其是基层干部、教育工作者、社区和企事业单位管理者对绿色发展的理解，并为其提供可操作性强的实践方法，激发全社会践行绿色发展的自觉性和主动性。

本套丛书的编写人员“术业有专攻”，在深入学习领会习近平生态文明思想和全国生态环境保护大会精神，以及广泛参阅文献的基础上结合相关实践经验编写完成。本套丛书的亮点在于不仅展现了我国生态文明建设的最新成果，还详细列举了许多国内外的成功经验与做法，内容科学准确，可以作为各个领域特别是干部和公众进一步深入学习贯彻习近平生态文明思想的操作指南，具有较强的可读性和借鉴意义。

曲格平

2019年3月于北京

前　言

全球环境变化和可持续发展问题是现今科学研究关注的极为重要的研究主题。一方面，人类受到来自变化中地球的严峻挑战；另一方面人类活动亦正以前所未有的幅度和速率影响着地球系统。人类社会如何应对全球环境变化的挑战，如何适应未来可能出现的环境变化以及如何有效地利用这种变化的环境，即人类如何可持续地管理“地球生命支撑系统”，以满足人类对可持续发展的追求，是当前科学研究必须回答的问题。

当人类改变其传统生活方式及其对未来生活方式的看法时，文明便会逐渐改变，并被新的文明替代。可持续发展对人类的生产方式、生活方式和价值观体系提出了新的要求，显然需要新的文明形态与之相适应。为适应可持续发展的需要，有意识地促进社会文化不断变革，融入新文明，是人类社会目前面临的迫切要求。中国共产党第十九次代表大会已经提出，建设生态文明是中华民族永续发展的千年大计，要积极推进生态文明建设，加快生态文明体制改革，建设美丽中国。在未来的中国发展篇章中，生态文明建设无疑将是响亮的主旋律之一。

在推进生态文明的进程中，大学（高等教育）扮演着不可或缺的角色。同时，大学亦需要经历积极而深刻的变革，方能承担起引领社会可持续发展、树立生态文明标杆之责任。从国际上看，面向生态文明的高等教育实际上是全球可持续发展教育思潮的重要组成部分，反映了人类文明的调整和创新对教育发展的导向和要求。联合国教科文组织指出，高等教育实际上是所有发展目标的重要支持因素。从高等教育自身来看，也需要面向可持续发展目标的框架进行必要的调整和变革。现代大学的职能常被归纳为三大方面，即教学、科研和社会服务，这些方面都必须在可持续发展观的注视下被重新审视。因此，在可持续发展的视角下，观照、反思和重构大学的理论和实践，建设一批绿色大学，是中国生态文明建设的重要课题。

基于以上认识，大学应当在运营管理、教育教学、科学研究、校园文化、社会服务等方面采取行动，让大学能够成为“一个明智并有效地利用资源的机构、一个积极寻求环境问题解决方法的机构、一个把环境责任视为其使命之一的机构、一个为了明天的学术机构”，从而帮助“牢固树立社会主义生态文明观，推动形成人与自然和谐发展现代化建设新格局，为保护生态环境做出我们这代人的努力!”

本书是生态环境部宣传教育中心主编的“绿色发展新理念·建设美丽中国”系列丛书中的一册，北京师范大学国际与比较教育研究院的黄宇撰写了第一、二、四章和第三章的第二节，陈泽、崔慧慧撰写了第三章的第一节；生态环境部宣传教育中心的曾红鹰、刘之杰、酆婧轩、张琳，北京西尔云教育科技有限公司的袁轶，聚光科技（杭州）股份有限公司的张越对书稿相关内容进行了审阅、修订、整理编写，最后由黄宇统稿完成全书。

感谢生态环境部宣传教育中心的指导，感谢美国环保协会北京代表处以及聚光科技（杭州）股份有限公司的支持，让本书得以顺利完成。希望本书的出版能够为中国高等教育的改革与发展，为绿色大学的建设和推进，为广大“撸起袖子加油干”的生态文明建设者们了解绿色大学的理论和实践提供有益的参考。

黄宇

2019年4月于北京

目录

Contents

第一章

什么是绿色大学

第一节　面向可持续发展的大学

一、可持续发展和大学

1. 大学需要适应可持续发展的挑战

可以预见，21世纪必将成为可持续发展的重要时代；同时可以想见，21世纪将会是可持续发展教育的时代。可持续发展的道路需要用可持续发展教育来铺设，如果这条路上有一个地方不能绕开，那就是大学。大学是人类的理想家园，也是社会发展的灯塔。没有人能够否认，大学对于可持续发展和可持续发展教育具有不可替代的重要作用；另外，也许不会有人否认，大学如果不经过基本和深刻的变革，就不可能自动获得这种地位。

可持续发展理论要调整的是生态、经济、社会三者的关系，每一个机构、团体、个人的行为必须同时考虑对这三者的影响，保证不损害任何一方；可持续发展教育的核心是个体的全面发展与生态、经济、社会的可持续发展相和谐。它们对大学的挑战首先集中表现在对大学教育观的变革。

大学的教育观在不同时代有着不同的争论。在新的社会、科学、经济、政治背景下，应当怎样看待大学？有人提出，可持续发展的教育观可以涵盖整个高等教育的理念。“可持续发展的中心是人”，“人的素质问题是可持续发展的重要问题”。可持续发展的教育观应当成为新时期高等教育（包括大学）的教育观。可持续发展教育观包括以人为本的新的教育价值观、教育发展观和教育质量观，是21世纪高等教育理念的提升。树立可持续发展教育观，必须按照其理念，确立以人为本的思想，重视人的价值和人的要求，促进人的全面发展。目前在对高等教育改革的讨论中，大学素质教育、人文精神培养、创新能力、个性发展等话题成为热点，许多人认为这些是21世纪大学发展的方向。这些恰恰是可持续发展的大学教育观的反映，也是可持续发展及可持续发展教育对大学的挑战。

教育是可持续发展的重要组成部分，也是可持续发展必不可少的手段。各国及各种国际组织几乎都认识到，实施可持续发展，意味着一场深刻的变革，它是世界观、价值观、道德观的变革，是人类行为方式的变革，是人类对于环境、经济、社会三者关系处理方法的变革。公众是否认识、愿意接受并积极参与，这是实施这些变革的必要条件。而公众是否愿意参与、能否参与、参与的程度等都与教育密切相关。教育活动是可持续发展从概念到行动的关键，是人类不断地从认识到参与的发展历程中的中介环节。全球《21世纪议程》第36章指出，“应当确认，教育（包括正规教育）、公众认识和培训是使人类和社会能够充分发挥潜力的途径。教育是促进可持续发展和提高人们解决环境与发展问题的能力的关键”。教育不仅可以使可持续发展思想永续流传下去，而且能使当代人尤其是正在成长中的群体认识到可持续发展的重要意义，从而使其在今后的社会实践中成为可持续发展的参与者、维护者。大学作为“传承文化，服务人类”的重要堡垒，必须承担教育对可持续发展的责任。

从另一个角度看，大学对传统发展观的形成和传承负有不可推卸的责任。传统的发展观认为，物质财富的无限增长是社会进步的唯一标志，而且这种增长所依赖的资源在数量上是不会枯竭的，即使由于短时期内资源的供给小于资源的需求，但在市场机制的作用下，这种短缺也会得到补充。因此，在这样的发展观指导下的经济活动往往是滥用环境资源，过度地消耗自然资源，经济活动产生的非自然废弃物任意排入环境，造成原生环境的严重破坏。在这种发展观指导下的发展模式被称为“不可持续的发展”。不可持续的发展模式延续了数百年，在这数百年中，大学通过教学、科研和社会服务功能，亦在复制、传播、深化这一发展模式。在新的进步的发展观出现之后，大学自然应当承担起“国家最进步力量的先驱”（加西亚）的责任，推动新的发展观的完善、发展、普及、传承。

新的发展观要求新的经济形态。自从国际经济合作与发展组织（OECD）1996年发表了题为《以知识为基础的经济》的报告书之后。知识经济便成了世界性的热门话题。知识经济以知识智力资源为第一生产要素，以高技术产业为第一产业支柱，以知识创新和技术创新为基本要求和内在动力，是一种崭新的经济形态。尽管知识、信息等人造资本并不能完全取代自然资本，即使能够取代，其相互替代的机制和比率还存在着争论，但已经形成共识的是，知识经济是一种可持续发展的经济形态。知识经济的要求反映了可持续发展的要求。

从一定意义上说，知识经济的各个环节，都与大学有密切的联系，是以大学为依托的。知识何以产生？知识何以传播、扩散？知识何以运用于生产过程？知识何以成为解决各个问题的措施？诸如此类的问题，都将大学卷入了知识经济的旋涡。从来没有一种经济形态像知识经济这样与大学联系如此密切，需要大学的强有力支撑，从来没有一种经济形态如此强烈地要求大学给予其发展的动力，要求大学参与其中。就此来看，知识经济实际上为大学提供了新的契机，它使得大学面临前所未有的挑战，并迫切地要求大学做出必要的应答。在知识经济时代，大学由通过培养人才间接为经济和社会服务的“服务站”逐渐转变为直接推动经济发展的“发动机”，通过拥有和生产知识与智力资本直接影响经济发展。大学与经济的关系更加直接、更加紧密了。

更进一步说，可持续发展的实现由于知识经济与大学的紧密关系，也越发离不开大学。微软公司的创始人比尔·盖茨（Bill Gates）曾说“在21世纪重要竞争方式的改变中，高等教育扮演的角色是具有决定意义的”。近代以来，高等教育已经从社会的边缘走向社会的中心，大学在国家、社会生活中越来越起着十分重要的作用。这为可持续发展的实现提供了一个重要条件。

2.可持续发展需要大学的参与

大学不仅要适应可持续发展的要求，同时大学对可持续发展的实现也具有重要意义。可持续发展极其重视参与问题。一方面，如前所述，教育是从观念到行动的桥梁，是实现公众参与的必要条件，大学在其中扮演着重要的不可或缺的角色。另一方面，可持续发展的参与绝不仅限于政府和大众层面，大学理所当然地应当参与其中，扮演积极的一分子。“一场可持续的革命要求每个人作为某个层次上的一个学习的领导，他们可以是小到家庭、社区，大到国家、世界。”但是，尽管参与的重要性在口头和文本上得到特殊的强调，在实践中，人们仍然难以确定参与的性质和作用。而低层次的参与对于发展的作用极其有限。威廉（1993）特别指出，“发展指的是提高人民使用资源以确定他们自己生活状态的能力。仅仅发动人们植树造林本身不能构成发展。但如果人们能因此提高其获得并控制诸如木材、薪柴等资源以及收入或培训与成长的机会，他们的参与就能产生效益并构成发展。不能只认为效能可随着参与而来”。当参与的机制变得如此复杂，意义如此深刻的时候，不对其进行专门的、深入的研究，不对其具有基本的、深刻的理解，便不能有效地参与。可持续发展不会由群众的常识自发产生，作为探究真理的社区的大学，必须承担起对其进行探究的责任。可持续发展作为尚未得到严格定义的研究领域，需要大学对其进行认真的探讨和检验，使之从政治口号成为真正的科学理论。

大学理念与可持续发展思想也有诸多契合之处。首先是强烈的批判性。可持续发展来源于环境保护运动，环境保护自产生之日起就具有鲜明的批判特征。从环境保护运动转向可持续发展之后，这种批判性不仅没有削弱，反而进一步成为核心理念。这种批判性使得可持续发展能够以冷峻的目光审视人类产生以来的增长历史，审视人类现今文明的性质，使得可持续发展具有革命的力量。当然批判不是简单的否定，而是一种扬弃，是在继承中发展的否定。也许这种批判更接近“价值中立”——无涉的只是研究者的个人价值，而不是群体、社会乃至全人类的价值。而大学从本质上来讲就是批判性的，这使得大学与可持续发展具有天然的亲和力。从另一个角度来说，可持续发展的批判性，也需要大学来给予保证。只有在大学里，可持续发展的批判性才能具有合法性。

大学理念中与可持续发展相关的还有民主管理。大学从其基本性质上讲，是社会中最民主的机构，这是由大学学术自由和学术自治的传统所决定的。而可持续发展亦具有广泛的民主特点。可持续发展是人民性最强、最需要民主参与的伟大事业。可持续发展的文化在管理上强调团队精神、博爱精神、民主精神，这些又恰恰是大学所主张的，而且大学为这些精神提供了最好的土壤。

因为大学在社会中的地位十分重要，大学体现可持续观念的程度、对可持续发展的认识程度，直接影响社会的可持续发展能力。大学需要承担推进社会可持续发展的责任，把可持续发展作为自己的使命。北大校长陈佳洱院士在庆祝北大百年校庆而举办的大学校长论坛演讲中指出，“引导社会向前发展”是大学应予完成的使命。另外一些学者也提出，“大学是人类有史以来最能促进社会变革的机构”（西奥多），“大学具有塑造社会的能力”，大学是“检验许多较为重要的社会生活的基本原理的场所”。他们对大学的社会责任给予极大的强调。1998年10月，联合国教科文组织在巴黎召开的“世界高等教育大会”上进一步明确指出，“应保持、加强和进一步扩大高等教育的基本使命和重要作用，特别是促进整个社会的可持续发展和进步的使命”。

大学与社会的相通一直是大学存在和发展的重要条件。大学是社会最敏锐的触角。它能第一时间触摸到社会的脉搏，感觉到社会的呼吸。历史证明，脱离社会的大学教育是不存在的。近代以来，随着高等教育走出象牙塔，大学在国家、社会生活中越来越扮演着中心的角色。国家、社会对大学不可能放任自流，也不可能把它完全交给学者自己，因此必然会对大学提出各种要求。若大学不能满足这些要求，其社会价值就会进一步下降。面对可持续发展这样的社会挑战和思想革命，大学必然要做出回应，采取行动。正如怀特海所说，“小心翼翼地保护一种大学，使其独立于周围世界各种活动之外，是扼杀兴趣，阻碍进步的最有效途径。独身不适于大学。它必须与行动结为伴侣”。大学需要发挥其社会灯塔的作用，引领社会走向可持续发展。

二、绿色思潮和绿色大学

1. 绿色思潮的兴起

可持续发展向教育提出了新的要求和挑战，促成一种新的教育形态——可持续发展教育——的产生。尽管对这种教育的性质和内涵尚未十分明确，但目前在全世界范围内，已经出现了一些以这种教育的基本观念为基础开展教育实践的学校（包括大学），人们通常把这些学校称为“绿色学校”或“绿色大学”。

“绿色学校”从本质上讲，是一种全校性、综合性、广泛的环境教育方法，也就是学校以面向可持续发展的环境教育的思想为指导，不断完善自我管理、改进教育手段、降低教育投入、提高办学效率和效益的过程。换言之，“绿色学校”的本质特征，就是在学校的各个层次、各个方面、各个环节体现可持续发展教育的理念。因此，“绿色学校”可以说就是实施可持续发展教育的学校。

近年来，“绿色”已经成为当代中国社会中的一种“流行色”，“绿色”的事物层出不穷，如“绿色思想”“绿色意识”“绿色制造”“绿色生产”“绿色工厂”“绿色食品”“绿色计划”“绿色能源”“绿色运动”“绿色组织”“绿色消费”“绿色技术”“绿色饭店”“绿色学校”，等等。

“绿”的意象，除了从自然的本色中引申而来，更多的恐怕是由文化的隐喻而来。当前流行的“绿意”主要来自建立在“绿色思潮”之上的“绿色的呼唤”。眼下绝大多数的“绿色词汇”，都是这一思潮的产物。

从历史上看，用“绿色思潮”统摄一切以环境、生态、和平等为主流的思想、观念和理论应滥觞于20世纪60年代，发展于70年代，并在80年代达到高潮。60年代，一些有识之士意识到环境问题的重要性，1962年，美国海洋生物学家卡逊的名著《寂静的春天》，第一次就环境问题的严重性向全世界敲响了警钟；70年代公众的环境意识逐渐形成并动员起来，1972年，罗马俱乐部在《增长的极限》一书中对正处于高增长、高消费的“黄金时代”的西方世界发出了关于“人类困境”的天才预言，为斯德哥尔摩联合国人类环境会议提供了重要背景材料，并在此后成为全人类的共识；80年代，在世界范围内，尤其是西方国家掀起了大规模的群众性抗议运动，主要表现在70年代中期以后由于工业污染事件引发的环境抗议运动和矛头指向冷战双方的与反战反核和平运动相结合的抗议行动。由此，生态环境问题从六七十年代鲜为人知，发展到80年代妇孺皆知、家喻户晓，并成为各国政府制定大政方针时不可或缺的考虑因素。对此，古德森（Ivor Goodson，2001）写道：“到了20世纪60年代，‘环境’自身作为一个主要的思潮登台亮相，并以不同的方式开始影响政策决定。到了60年代末，尼科尔森（Max Nicholson）能够毫不含糊地宣称：‘人们都说世界上有一样东西是所向披靡的，这是一种思想，它的时代已经到来。今天，这个思想就是对人类环境的关爱。’”

用“绿色”来指代与可持续发展有关的概念和事物并非鲜见。除了“绿色学校”之外，人们也把可持续发展称为“绿色发展”，可持续发展教育称为“绿色教育”，还有“绿色浪潮”“绿色思想”“绿色意识”“绿色伦理”“绿色文明”等。可以认为，用“绿色”来表述可持续发展还是相当贴切的，因为“绿色”能够形象地联系到生态、生命、纯洁、安全、清洁、无害、无污染等含义，对于普通公众理解可持续发展有一定的启发意义。20世纪70年代到90年代，“绿色运动”关注的重心逐渐由原来单纯的自然环境的保护，转移到对整个人类历史上的发展模式的反思、对现代工业文明的审视、对未来生存形态的思考，从而对“绿色”做了重新定向，“绿色”已经成为可持续发展思想的象征色。

2. 绿色大学的产生

在“绿色思潮”的影响下，20世纪90年代，在英国高等教育中出现了“把环境观点纳入日常工作”的主张，并且逐渐传播开来（Alabaster&Blair，1996）。英国“多科技术学院校长委员会”（Committee of Directors of Polytechnics）在1990年和1991年出版了两部关于这方面的报告。1992年发表的报告提出要从校园设计/美学特征、建筑物及其建筑材料、饮食供应、学校课程、能源、市场、纸张、对外联系、购物、循环利用、公共场所的维持、交通、废弃物管理等方面来进行绿色学校的建设。同时，在美国，一些大学/学院也开始思考并着手制订计划，减少或消除在学校运作过程中对环境造成的影响（Eagan & Orr，1992）。这些大学/学院包括加州大学洛杉矶分校、塔夫茨大学、罗彻斯特大学、堪萨斯大学、威斯康星大学麦迪逊分校、亨德利克学院、卡勒顿和圣奥勒夫学院等。根据美国提倡可持续发展教育的非营利组织“第二自然”统计，全世界目前有超过600

所大学/学院（其中大部分学校位于美国）运用各种方式，在社区参与、课程改革、校园绿化、关于可持续性的研究等方面开展活动。还有一些大学综合以上方面，开展较全面的活动。如美国乔治·华盛顿大学的“绿色大学”、加州大学的“校园环境规划”、英国爱丁堡大学的“环境议程”、加拿大滑铁卢大学的“校园绿色行动”等。

从20世纪90年代开始，随着中国21世纪议程的发布和可持续发展思想的传播，中国的一些大学也开始了绿色大学的创建工作。一些大学与国家和地方有关部门合作创建，并获得政府部门的命名，一些大学则独立开展绿色大学建设。

1998年5月，清华大学“建设‘绿色大学’规划纲要”得到教育部、科技部和原国家环保总局等国家主管部门的肯定。2001年，山西农业大学被山西省教育厅命名为“绿色大学”。2002年，武汉市环保局宣教中心、武汉市教育局大学处联合制定了武汉市“绿色大学”评审标准，并在江汉大学施行。2004年，广西大学、广西师范大学、广西民族学院、广西医科大学、桂林电子工业学院、桂林理工大学、梧州师范高等专科学校、广西电大钦州分校等院校被广西壮族自治区有关部门授予“绿色大学”称号，后续又命名了河池学院、柳州师范高等专科学校、百色学院、广西生态职业技术学院、右江民族医学院等校。2005年，新疆维吾尔自治区将新疆大学、新疆农业大学、石河子大学、伊犁师范学院、喀什师范学院和克拉玛依职业技术学院命名为“自治区级绿色大学”。2010年，贵州省教育厅和环保厅命名贵州师范大学为“绿色大学”。

此外，一些大学也在独立开展绿色大学的实践活动。如哈尔滨工业大学、北京大学、东北大学、西南大学、东北农业大学、广州大学、中山大学、石家庄信息工程职业学院、大连铁道学院、北京师范大学、山东经济学院、山东建筑工程学院、北京林业大学、同济大学、西南石油学院、西南大学、复旦大学、中国人民大学、大连海事大学等均有类似行动。

在国际社会中，绿色大学的观念可由许多重要的国际宣言追溯起。许多国际宣言皆提及高等教育与可持续发展的议题，其中最早的可溯至1972年的《斯德哥尔摩宣言》（*The Stockholm Declaration*），其中就包括了高等教育面向可持续发展的观点。此外，如1990年的《塔卢瓦尔宣言》（*The Talloires Declaration*）、1991年的《哈利法克斯宣言》（*The Halifax Declaration*）、1992年的《21世纪议程》（*Agenda 21*）、1993年的《京都宣言》（*The Kyoto Declaration*）、1993年的《斯旺西宣言》（*The Swansea Declaration*）、1993年的《哥白尼宪章》（*The CRE-Copernicus Charter*）等，各宣言中皆指出面向可持续发展的高等教育机构，需结合政府与民间的力量，由大学领导人发起，动员学校全体人员，自愿性地实行环境行动计划，肩负起对目前及未来时代重要的责任与义务。

基于国际层次的各种宣言、文件的有关精神，许多大学开始有意识地组织起来，参与可持续发展的相关行动。通过国际交流和有关会议，世界上的不同大学就可持续发展的概念、大学与可持续发展的关系、大学应为可持续发展承担的责任和行动方面达成了一些共识，也通过宣言的形式表达出来。例如，1990年签署的《塔卢瓦尔宣言》（*The Talloires Declaration*）、1991年签署的《哈利法克斯宣言》（*The Halifax Declaration*）、1992年签署的《京都宣言》（*The Kyoto Declaration*）、1993年签署的《斯旺西宣言》（*The*

Swansea Declaration）、1993年签署的《为可持续发展的大学宪章》（*The University Charter for Sustainable Development*）、2001年签署的《吕内堡宣言》（*The Lüneburg Declaration*）、2008年签署的《G8大学峰会札幌宣言》（*G8 University Summit Sapporo Sustainability Declaration*）等。

上述宣言和文件表明了大学关怀人类未来，投身可持续发展事业的热切愿望和积极承诺，更推动了大学在具体层面上采取实际行动。基于各种宣言、文件的有关精神，在世界各地，许多大学开始有意识地行动起来，在具体层面上制定大学的环境和可持续发展政策，为社会的可持续发展树立标杆。目前，在北美、欧洲和亚洲，已经有越来越多的大学认识到大学为可持续发展需要承担的责任，并采取行动努力降低环境影响。大学的这些活动一般被称为"绿色行动"，而这些大学往往被称为"绿色大学"。

第二节　绿色大学的环境管理

一、大学的环境影响

1. 大学具有重要的环境影响

当钢铁厂的烟囱冒出的黑烟、造纸厂污水管道散发的异味、核电站的冷却塔留下的阴影吸引着公众的注意力时，大学的环境影响相比之下显得那么微不足道。确实，很少有人会把大学看作环境的污染者，然而大学的确是污染者。大学会产生辐射、垃圾、有害废弃物；消耗大量的食物、水和电力；购买各种金属、纸张、燃料。这些都会污染大学本身和当地的空气、土地和水。

大学是电力、石油、天然气、水和化学品的使用者，而且使用的量相当惊人。在一个社区，甚至一座城市中，大学也许就是当地最大的能源和水的使用者。例如，美国的塔夫茨大学的校园本部消耗的电力是当地最多的，超过当地任何一家企业的消耗量。而在不同的城市，特别是在小城市里，人们也许会发现他们的大学是最大的废水生产者，也是最大的淡水消耗者。大学还会产生数量巨大的垃圾或固体废物，其中包括一些有害的废物，如化学废料、毒物、油漆、各种溶剂，甚至放射性物质，等等。在美国的马萨诸塞州，大学的医学院和实验室是最大的低能放射性物质的产生者之一，这些物质的大部分来自实验室。而有害的化学物质，各种杀虫剂、清洁剂、化学肥料等充斥着整个大学校园，污染了大学里的水、空气，给工人、学生、社区民众和自然生态系统带来伤害。仅在美国的新英格兰一地，就有35所大学或学院被列入黑名单，因为它们没有履行妥善处理有害化学物质的责任。这些有害化学物质有些是破坏臭氧层的罪魁，有些会令人和动植物生病，有些会对水、空气造成严重污染，但它们在大学的空调系统、灭火系统、交通工具、图书馆、体育馆、教室、绿地中仍然被广泛使用。大学里繁忙的交通和大量使用的计算机、电子设备、机械设备等也无时无刻不在产生噪声、废气、辐射等问题，给当地社区带来环境污染。

同时，大学通过对外部产品和服务的采购，也会产生巨大的直接的环境影响。大学是一个开放的系统，它依赖向外界购买产品和服务来维持运营。例如，校园绿地中使用的杀虫剂，净化中使用的清洁剂，卫生防疫使用的消毒剂，办公室里使用的漂白纸张，食堂里保存食物使用的防腐剂，装饰装修使用的建筑材料，等等。大学对这些产品的选择和使用，会直接影响校外社区的生活，相关企业的生产。因此，许多环境问题看起来似乎离大学很遥远，但实际上就在大学里发生着。大学购买和使用的每一件物品，都会对人、社区、国家乃至世界产生各种各样或大或小的环境影响。

全世界的9000多所大学（高等教育机构），每年对能源、资源和产品的消耗量是极其惊人的。仅在英国，高等教育机构每年用在购买产品和服务方面的费用就高达30亿英镑。由此可见，大学对环境和社会有着重要的影响。

2. 评估大学的环境影响

在对大学的环境影响开展研究方面，自20世纪60年代起便有学者开展尝试，他们大多使用经济学的成本—效益分析法和环境影响报告法来开展工作。在这一过程中，人们发现很难找到合适的指标或指标体系来描述大学的环境影响。特别是将可持续发展的思想引入大学之中后，在可持续发展的框架内计量、评估、管理大学的环境影响变得尤其困难。正如菲尔荷（2000）所说，大学的有些方面对可持续性的影响还难以理解，因此制定满意的指标还很困难。

尽管借鉴了许多国际组织和研究机构提出的可持续性衡量指标，如戴利（Daly）和科勃（Cobb）提出的“可持续经济福利指数”，科勃提出的“真实发展指标”，普利斯科特—艾伦（Prescott-Allen）的

“可持续性的晴雨表”模型，联合国教科文组织的“人文发展指数”等，关于大学环境影响的基本问题仍然不能得到满意的回答。例如，大学对环境的影响究竟有多大？大学的环境影响是否会超出校园的范围？超出多少？在什么范围内，大学的环境影响可以被认为是不损害可持续性的？

从目前的研究来看，生态足迹方法在大学的环境影响评估方面具有较好的应用价值。因为生态足迹模型紧扣可持续发展理论，是涉及系统性、公平性和发展的综合指标，具有诸多优点，用它来衡量大学的环境影响，能够在一定程度上覆盖传统方法无法包含的内容，较真实地反映大学的环境影响状况和可持续性。更重要的是，它揭示了大学的“日常行为”和区域、全球的联系，把大学的环境影响和更大范围的可持续发展结合在了一起。

生态足迹（ecological footprint）或称生态空间占用，最早是由加拿大不列颠哥伦比亚大学的生态经济学家里斯等在1992年提出，并在1996年由其博士生瓦克纳吉尔完善的一种衡量人类对自然资源利用程度以及自然界为人类提供的生命支持服务功能的方法。瓦克纳吉尔（1999）指出，生态足迹是指能够持续地提供资源或消纳废物的、具有生物生产力的地域空间。里斯形象地将其比喻为“一只负载着人类与人类所创造的城市、工厂……的巨脚踏在地球上留下的脚印”。它从需求面计算维持人类的自然资源消费量和同化人类产生的废弃物所需要的生态生产性空间面积的大小，从供给面计算给定区域的生态承载力的大小，通过两者的比较，来评估区域的可持续发展状况。

在生态足迹分析中，生态生产性土地（ecologically productive area）和全球生态标杆/全球生态阈值（global ecological benchmark）

是两个重要的概念。“生态生产性土地”是指具有生态生产能力（或生物生产能力）的土地或水体。这一概念的建立极大地简化了不同自然资本的统计和转化工作，从而方便计算自然资本的总量。根据里斯等人（1996）的分析，地球表面的生态生产性土地可以分成6大类：化石能源地（fossil energy land）、可耕地（arable land）、牧草地（pasture）、森林（forest）、建成地（built-up areas）、海洋（sea）。由于这几类土地的生物生产力差异很大，因此要经过加权和换算，才能进行比较和汇总。考虑到各类土地之间生产力的差异，里斯等人给这6类土地分别赋予不同的权重（均衡因子）。经过加权换算并扣除生物多样性保存所需的土地面积后，得到全球人均生态生产性土地面积为1.6公顷。这个1.6公顷的土地即所谓的“全球生态标杆”的值，即全球人均生态承载力的底线。也就是说，全球人均生态承载力最高为1.6公顷，如果某个体消耗的物质和排放的废物需要超出1.6公顷的土地来供给，那么该个体占用的生态生产性土地就超出了地球的生态承载力（当然不一定超出本地的生态承载力）。规模人口和区域的衡量方法亦然。

在以上概念基础上，生态足迹研究者建立了生态容量（ecological capacity）、人类负荷（human load）、生态赤字/盈余（ecological deficit/remainder）等指标来计算人类与自然资本的供需情况，从而衡量环境影响和可持续发展程度，并建立起定量分析模型。目前，生态足迹方法已经比较成熟，在对大学校园的研究方面比较有代表性的是弗林特（Kate Flint，2001）对澳大利亚的纽卡斯特大学的研究和维尼托利斯（Jason Venetoulis，2001）对美国的雷德兰大学（University of Redlands）的研究。他们的研究表明，生态足迹方法不仅能够衡量大学环境影响的大小，直观地揭示大学与生物—物理环境的关系，并且可以有效地提高大学对可持续性的认识，促进环境管理的实施。例如，在对纽卡斯特大学的生态足迹研究中，弗林特（2001）发现，大学最大的环境影响来自能源消耗，其足迹占到总足迹的86%；而私人汽车造成的生态足迹占到交通生态足迹的95%。这些数据无疑为大学的环境决策提供了依据。

当然，应用生态足迹模型分析（EFA）大学环境影响并不能揭示大学的全部环境影响。一方面，某些污染未能纳入该方法的框架。例如，维尼托利斯（2001）就指出，1998年，雷德兰大学排放的7272千克有毒废弃物对环境的影响就无法用生态足迹来描述。类似这样的大学活动会对环境产生各种影响，而由于生态足迹模型的“生态偏见”（ecological bias），这些影响未被计入。另一方面，大学活动的复杂性导致大学许多活动的环境影响是隐蔽的，无法被EFA方法揭示。特里洛尔（1999）的研究就表明，大学80%的环境影响都是间接的。

但是，生态足迹分析仍然有着比传统的成本一效益分析法和环境影响评价法更优越的方面。正是由于生态足迹方法戴着“生态”的有色眼镜，恰恰可以帮助大学揭示一些未曾注意的、不以为然的“隐性”生态开支。同时，生态足迹方法的视角更具有“可持续性”，表明了更接近于真实的人类对自然界和生态系统的依赖程度。另外，生态足迹方法是直观、形象、明确的，它很容易让非专业的人们所理解，由此唤起人们的意识采取有针对性的行动。最后，生态足迹方法具有很强的可操作性和可复制性，便于应用和普及，并对不同的地区进行比较。因此，生态足迹研究方法，是在可持续发展的框架下，到目前为止衡量大学环境影响（特别是对自然的影响）的较好办法，可能是最全面、最有效的工具之一。

二、减少大学对环境的负面影响

1. 大学的环境管理

从20世纪90年代开始，大学开始认识到，如果不真正采取降低环境影响的行动，他们就无法让学生信服他们所鼓吹的环境价值观。因此，越来越多的大学投身于“绿色行动”之中。但是，无论是减少纸张、开展节能运动还是推行垃圾分类，大学的“绿色行动”总是显得缺乏整体性，显得杂乱无章，因而效果也不甚理想。

要真正让大学从环境问题的制造者成为环境改善的贡献者，大学必须从根源做起，建立环境管理体系，用环境管理的理念来管理大学；大学需要有明晰的环境政策，有完整的环境计划，有可行的环境行动，有确定的时间表，有负责任的环境管理者；大学需要对空气、水、能源、食物、垃圾、动植物等要素进行控制，对建筑物、操场、体育馆、教室、办公室、实验室等场所进行设计，鼓励学生、教师、员工、其他成员的参与，才能真正有效地降低大学的环境影响。

环境管理是降低大学环境影响的必由之路，是大学走向可持续发展的第一步。一般来说，大学的环境管理可以按照要素、活动和空间三个方面来分类，涉及一些可能相互重叠、互有交叉的方面，而且根据具体的学校，这些内容亦可能有所增减。

要素包括水、空气、能源、噪声、垃圾等。

水：水是自然界中最活跃的因素之一，也是大学运行中最基本的要素之一。由于水资源相对较便宜，所以许多大学对用水的控制并不十分关注。大学每年用于冲洗、浇灌、生活的需求和使用量都是巨大的。缩小水消费的生态足迹对大学、国家、地区乃至世界都有重要的意义。

空气：良好的空气质量也是大学的目标之一。这不仅包括对烟囱、炉灶、交通工具或热力系统排放的污染物进行控制，也包括对室内空气质量进行关注。室内空气由于流通性较差，对人体的影响更为直接。吸烟、空调、装修、消毒等都会影响室内空间的空气质量。

能源：能源消费可能是大学环境影响中最重要的部分，而用于建筑物的加热、照明的能源几乎占到总消费量的一半。更重要的是，能源的生产、流通和使用会带来新的能源问题，并且与几乎所有的环境问题都有关联。可以说，能源问题是大学环境影响的关键。

噪声：大学中的噪声问题并不十分突出，但是教室里的喧哗、办公楼里的装修、割草机的轰鸣、汽车喇叭和马达的尖啸，都是大学里可能的噪声的来源。

垃圾：垃圾问题也是构成大学环境影响的重要部分。除了数量巨大的常规垃圾外，尤其需要关注的是，大学往往会产生一些有毒有害的废物，如化学品、放射性物质、生物废料等。这些如果得不到妥善处理，将会产生灾难性的后果。

活动包括采购、餐饮、交通等。

采购：采购是大学与外界发生物质、能量和信息交流的“接口”。通过采购，大学可以发挥其影响力，促使商业和企业向“对环境友好”的方向发展。尽可能选购环保的、高能效的、对生物无害的产品，并且减少不必要的浪费，可以有效节约大学的采购成本，同时也降低了环境影响。

餐饮：餐厅可能是大学中培养学生环境责任意识的最佳场所。大学生进入餐厅的概率绝对要大于他们进入教室的概率。而在餐饮服务的过程中，几乎可以涉及所有的环境要素。对食品的选择、食品的准备、食品产生的垃圾、厨房和餐厅的清洁等，都会对环境产生影响，也会对人体产生直接的影响。

交通：汽车是温室气体的来源之一。同时，汽车尾气对酸雨、光化学烟雾、噪声和许多人体疾病都有直接的关系。中国大学校园里汽车的增长迅速，更应当对此引起警觉。

空间包括建筑物和室内空间、运动场和户外空间等。

建筑物和室内空间：建筑物的设计、建造、使用、修缮、改造都会对环境产生影响。在设计过程中有没有考虑到使用对象的舒适性？内部空间的利用和分配是否合理？考虑到与周围环境的协调？考虑到对周围环境的影响？在建造过程中有没有使用环保的材料？使用过程中如何考虑节能高效？修缮改造中如何发挥建筑物的最大效用，合理利用？所有的这些问题，都意味着大学不应当把建筑物当作一个容器，而应从人与环境关系的高度来认真考虑。

运动场和户外空间：运动场和户外空间构成了大学环境的主要部分。它们与建筑物和室内空间一起组成大学的整体景观。在利用的过程中，它们也会产生巨大的环境影响。

尽管大学的环境管理已经开始受到许多大学的认同，一部分先行的大学也积累了不少经验，但是，他们“缺乏操作层面的一致性”，从一所大学移植、推广到其他大学的时候，便会出现困难。那么，如何有效地实施大学环境管理，从制度上保证大学降低对环境的负面影响？费什（2003）提出，大学应当向企业学习，借鉴企业的环境管理体系，建立标准化的大学环境管理体系。不同国家的企业界都有自己的国家环境管理标准。例如，加拿大标准协会的环境管理计划，欧盟的生态管理和审计体系，英国的国家标准7750号等，都是直接面向企业，帮助企业规范环境管理的。但是，这些标准的影响力都不及国际标准化组织颁布的ISO14000标准。

ISO14000国际标准中最重要的是ISO14001和ISO14004。ISO14001提出了建立环境管理标准（EMS）的特别要求，即考虑机构当前和未来行动的环境影响，按照现行法律法规的要求，制定有效的环境政策和方针。ISO14001的重点在于管理而非技术，因此并不包括污染检验技术和排放标准，即对技术水平不做要求，允许各组织拥有自己的环境条例和发展方向。而ISO14004则是说明EMS的原则和支持其在不同机构（无论大小）运行的系统技术的一般指导纲要。换句话说，ISO14001是建立EMS的“路线图”，而ISO14004则是对其详细的说明和建议。ISO14000的总目标是帮助企业或其他组织机构开发自己的管理系统，将环境问题和对环境的考虑纳入管理之中。它适用于任何组织，包括大学。如果大学自愿采纳ISO14000标准，可能的益处有以下几个方面。

◇ 提高大学的环境意识。它为大学中的人员参与环境保护提供了一个交流的平台和参与的空间，认识到环境保护和可持续发展的重要意义。

◇ 促进大学节能、降耗、减污，同时推进“绿色行政”，促进大学的全面“绿化”。它为改善环境提供了规范、一致、有效的方法，并且在执行这些方法的过程中将环境文化渗透到大学的行政、经济、教学、生活和其他活动之中。

◇ 提高大学的管理效率。它促使大学重视环境问题，强化对管理过程的监控，从而找出、改进、完善、优化管理环节。

◇ 整合大学的“绿色行动”。环境管理标准可以把大学各个层次、各个方面的环境保护活动组织在一起，构成一个相互协调，具有共同目标的整体。另外，环境管理标准为大学的各种环境行动提供了一个框架，使这些行动“合法化”了。

◇ 建立大学与企业的对话渠道。现代大学与企业的联系和交流日渐增多，但是大学与企业的对话常常是“自说自话”。固然大学和企业不应也不能趋同，但在环境管理领域建立统一的标准，却是安全和必要的。

◇ 树立大学的绿色形象，提高大学的知名度和威望。

2. 大学环境管理的挑战

如前所述，许多大学已经在采取各种行动，提高能源使用的效率，回收利用废弃物，小心使用有害化学品等。在世界各地，大学生们开展垃圾回收活动，抵制那些“对环境不良”的产品，促进更“环保”的技术开发，推动学校购买更环保的产品。大学的后勤部门更多地使用节能灯具、节水龙头，在绿地灌溉中使用滴灌而不是漫灌技术。食堂也开始把金属罐、玻璃瓶和纸包进行分类和回收。有些大学已经开始把“环境关怀”纳入学校政策和日常管理中。数以百计的类似活动代表了一种趋势：为未来培养领袖、发展生产力的“象牙塔”正在认识到（也许还不够快）它们的“可持续发展责任”，努力降低环境影响。

不过，常常也会有这样的现象，在大学的某一个部门，降低环境影响的活动开展得如火如荼，而其他部门则无动于衷。克雷顿（1998）指出，只有极少的（如果有的话）大学在课程、运营、管理等方面采取了综合的、跨部门的环境措施。不管是在发达国家，还是在发展中国家，大学对采取行动降低环境影响的冷淡态度似乎是一致的。一些大学开展活动之初大张旗鼓，显得热情高涨，但很快就无声无息了。

许多学者指出，采取各种措施降低大学的环境影响将会带来诸多好处。好处之一当然是可以改善大学的社区形象，从社区环境的破坏者转变成维护者，这对当地环境问题的解决是一件好事。此外，大学还可能成为整个社会中保护环境的典范，这提高了大学的美誉度，将给大学带来长远的益处。

除此之外，降低环境影响也会给大学带来短期的直接效益。例如，成为招生大战中的一个“卖点”。谁愿意到一个交通堵塞、空气污浊，遍地垃圾、被脏臭的河流所包围的大学校园就读呢？另外，降低环境影响的行动还可以节约大学的运营成本，这一点更是立竿见影。

但是，让大学变得更“可持续发展”的过程并不会是一帆风顺的，而是充满了来自许多方面的阻力、矛盾和冲突。虽然表现多种多样，影响也各不相同，但全世界的大学领导者面临的困难和挑战却是基本一致的。从不同文献中揭示的状况来看，大学保守的组织结构和对可持续发展不充分的认识状况可能是阻碍“可持续发展大学”的主要问题，同时也派生出其他问题。

尽管现实中困难重重，但是所有的大学都应当认识到，它有一种责任去引导而不是跟随，去应用新方法解决问题，持续地改进它的环境保护工作。虽然大学降低负面环境影响的活动很大程度上落在学校的运行保障部门身上，如后勤、采购、卫生、安全等，但是全体学生、学系（学术部门）和管理办公室也可以做出巨大的贡献。每一个人全身心参与是大学的绿色行动成功的关键。大学主要是教学和研究的机构，它们的努力无论大小，意义都远远超出大学本身。温德尔·贝瑞写道："拯救我们的行星实际的工作将是微小的，琐细的，甚至令人难堪的，但也是（因为它与爱有关）令人愉快的和充满成就感的。这一工作如此繁多，以至无法计量，无法报道，无法被公众所知或得到奖赏，它如此琐细以至不能令任何人可以从中变得富有或是名声显赫。"但在这条可能布满荆棘的道路上，也有许多发现和创造的机会。

第三节　绿色大学的教育教学

一、地球公民和本土知识

1. 地球公民

21世纪虽未进入中场，却已经可以清楚地看到，尽管世界各国的领导人比过去任何时候更关心经济和政治问题，但世界各国的公众比过去任何时候都更加关心环境问题。今天的公民们比10年前，甚至5年前更有可能提出：经济增长在必要时应当做出牺牲，以确保环境受到保护。他们甚至也更加确信，他们的健康，尤其是孩子们的健康，正因环境退化和污染而受到危害。同时，他们对政府和工业界的无所作为提出了尖锐的批评。

作为一种回应，所有层次的人们都在探索新的组织方式和参与方式，逐渐地，越来越多的人认识到需要自己组织起来并集体采取行动来影响社会变革，而信息革命已经影响并且正在促进这一进程。通过与传统的信息传播纵向结构不同的网状结构，信息传播方式的改变已经给民主决策和社会参与创造了许多新的机会。

这些关系和相互作用为“地球公民”（earth citizenship/global citizenship①）奠定了基础。如果用可持续发展的透镜来透视，负责任的“地球公民”至少有这样一些特征：全球视野，批判思考，民主精神，参与热情。人们可以感受到地球公民社会的存在，比如众多跨国际的环境和发展的非政府组织；人们也可以意识到某些超越族群和国家、维系地球公民社会的价值理念，诸如自由、民主、公正、平等、博爱、保护环境，等等。全球性的环境保护运动的确让人看到了地球公民社会的存在，但是，人们却无法确定存在着一个统一的地球公民社会，因为对于所有维系各种公民社会的那些基本的普世价值，不论是国家公民还是地球公民，都很难，而且可能永远不会形成一个统一的解释标准。

---

① Earth citizenship（地球公民）和global citizenship（全球公民）在一些学者那里是可以混同使用的概念（参见张伟. 整合与扩展［M］. 学苑出版社，2002：1）。但究其深意，两词的细微差别在于：“地球公民”更强调生态、环境、自然等“绿色”维度，而“全球公民”更强调全球化、一体化等政经纬度。基于此，本书使用“地球公民”一词。

可以发现，负责任的“地球公民”并不仅仅意味着获得某种知识，掌握某种技能，更多的是要求其拥有一种智慧，一种得以在这个“变化的时代，或时代的变化”中安身立命的智慧。这种智慧也就是自由教育强调的理性。或者说，可持续发展的自由教育的中心任务，是要发展人心深处的智慧，而不是不依赖于任何知识内容的理性形式。尽管还无法对这种智慧做准确的定义，但奥尔（2004）等学者认为，这种智慧应当具有四个方面的基本特征：第一，能够区分原因和结果；第二，能够确定“是否做”和“如何做”；第三，独立自主的行为准则；第四，谨慎而有预见性地行动。

从本质上看，这种智慧是普遍性的，它超越国家、民族、地区的界限，超越狭隘的种族、性别、阶级、界别的偏见，关注人类的终极目标，彻底地关心人类本身以及他们的未来；这种智慧是合作性的，能够消解以冲突、斗争为主的“竞争至上”文明，改变南方与北方、男人与女人、白人与有色人种、发展与环境、统一和多样、现在和未来、消费与幸福的矛盾对抗关系，把它们统一起来，形成一种宽容、合作、相互尊重的文化；这种智慧是协调性的，它不谋求去征服、强迫或压制其他的思想和观点，而是强调“和而不同”，在多样中和谐统一，在协调中共同发展；这种智慧是开放性的，它绝不闭目塞听，孤芳自赏，而是以宽阔的胸襟关怀人与自然、人与社会、个体与群体、国家与民族等关系，将它们纳入一个充满人文理性的“共同体”。

2. 本土知识

若从可持续发展教育的角度来看，大学教育需要培养“真正的智慧”，那么教育内容显然需要改变或扩充。不过，世界上并没有一种普世性的可持续发展教育模式。可持续发展教育的具体内容必然是根据当地的文化背景而确定的，以适应当地的环境、社会和经济条件。同时，“真正的智慧”也是根植在具体的文化情境之中的。因此，在内容上，可持续发展视野中的大学教育需要关注过去教育未曾关注的领域—本土知识。

20世纪70年代末以来，本土知识逐渐引起人们的重视，并且成为国家发展的一种重要知识基础。80年代以后，联合国提出了新的发展模式——内在发展。这种发展模式力图强调的是，人民不能被发展，他们只能发展他们自己，只能通过他们的所作所为，通过增进他们对自己正在做的事情以及为什么做这些事情的理解力，通过全方位地参与生活于其中的小区生活而获得发展。因此，发展要成为可持续的，必然要根植于人民的文化和价值之中，而本土知识恰恰构成了这种文化和价值的核心，在社会各个方面的建设中都起着基础性的作用。

由此可见，本土知识对本土社会的可持续发展有着至关重要的意义。但是，从基本的层面来看，世界范围内的大多数大学都强调源于西方知识体系的“普遍知识”，认为本土知识是比较低下、粗浅的知识，甚至认为它干脆不是合法的知识。这导致本土知识长期以来在大学教育中一直被抛弃、忽视、排挤和曲解。实际上，具体来看，自由教育论者一直强调的理性，也正是忽略本土知识的理性，是不完备的。

尽管有许多大学开展了与可持续发展、环境有关的工作。如开设公开课、设立专业、成立研究机构等。但是，这些大学极少致力于在研究或教学中纳入传统的本土、当地的知识，更不用说用本土的观点、知识和价值观来审视研究和教学了。事实上，对于可持续发展来说，重新确立本土知识的地位是不可或缺的。而目前这种行动显得尤为迫切，因为本土知识在全球化的市场、通信、交通和贸易所带来的文化冲击面前正在迅速退缩。正如洛佩兹（1989）所言："这是现代社会中令人寒心的现象！……我感到某些古怪的事（如果不是危险的事的话）正在发生。一年一年过去，对自己居住的这片土地有着直接的经历的人们渐渐消失。乡村居民不断地迁入城市……出于警觉，我已经感到这种个人和当地知识的丧失。一种使真正的地理学得以起源的知识，一种令一个国家得以永存的知识，已经处于某种难以准确描述的困难状况。我难以定义这种状况，但我想是危险和混乱的。"

显然，在可持续发展思想的框架中，大学教育需要重新审视原有的"知识中心"（或西方知识中心）的普遍性和一般性，改变仅从西方知识的视角看待世界的方式，纳入本土的世界观、思想、视角、知识和智能，构造自由教育新的内容。只通过近代以来发展起来的西方知识的眼睛来看待不同国家的发展和文化是不公正的，而重视本土知识并不是什么新的观点，而仅仅是被人们忘记得太久的观点。这意味着大学教育的内容需要从一种范式转移到另一种范式，并且要确立原已存在的、只是被长期边缘化的另一种形式的知识和智能，至少使之与传统的西方知识体系并存；意味着大学需要把本土知识纳入大学的研究和教学中，意识到开放的、具备全球视野的本土知识是可持续发展的基础；意味着大学在重视国际化的同时，需要强调本土化，并且把本土化作为国际化的出发点和落脚点；意味着大学需要对教育、课程、教学和人才培养做出反思，开发"包含本土知识的课程"，创造多样化的知识环境，培养本土公民。这些转变，正是目前大学教育最大的挑战之一。

二、课程综合和回归自然

1. 课程综合

可持续发展强调整全、综合、整体的观念，反映在大学教育中，便直接表现为对课程综合化的要求。但是，正如奥尔（2004）所指出的，虽然世界是以复杂的方式联系起来的整体，但当前的大学教育并不是按照自然的整合方式来组织的；相反，是以一种类似邮箱分类的方法，以抽象的学科划分的方式来组织的。

对这种知识相互隔绝的教育模式，迄今为止尚未受到有力的质疑和挑战，这似乎已经成为知识不言而喻的“公理”。但这种知识的组织方式却被认为是当前世界面临的环境、生态、可持续发展问题的原因之一。由于知识是以割裂的方式来教授的，由此造成头脑也是以一种分裂的方式来思考的，从而导致了许多“盒中人”的产生。他们在不同的领域（盒）内表现为专家，却在领域（盒）之外表现得异常无能，“如同被电网关在院子里的狗”。如果不能在更高的层面上看待这些相互分离的“盒子”，并且考虑它们之间的联系，那么人们只会离真正的智慧越来越远。正如王冀生（2002）所指出的，“一个不容争辩的历史事实是，后来人类社会发展的实践证明，自然科学的进步并不能同时带来人文精神的高涨，在给人类物质生活创造巨大繁荣的同时也造成了生态破坏、环境污染、资源枯竭等诸多危机。这种情况反映在大学教育工作上的严重后果，就是加剧了大学教育工作中的技术化、非教养化和功利主义倾向，导致了人的片面发展和人文精神的严重滑坡”。

其实，“综合化”本是自由教育的题中之义。纽曼就曾指出，“除非被研究的各种思想被聚集在一起并相互比较，否则就不能开阔思想”。在这里，纽曼看到了知识之间的相互依存关系。赫胥黎也指出，自由教育是文理兼备的教育，“这并不是一个这一类学科还是另一类学科应当占据支配地位的问题，而是一个你们应当选择什么样的教育课程，把所有必要的组成部分以这种适当比例结合起来的问题”。到了20世纪30年代，赫钦斯赋予“自由教育”一个新的面孔——“普通教育”，进一步凸显了其综合性的特征，以有别于“专业教育”。

历史上，许多研究者和教育家都肯定课程综合的好处，认为“没有综合化就不会产生伟大的人物”。但是，虽然在各个时代都有人对学术上的专业化、窄化和过分狭隘的这种“档案架”式的思维方式表示不满，虽然讨论“跨学科课程”（interdisciplinary course）和“超学科的学习”（trans-disciplinary learning）也有数十年时间了，但是空谈仍然只是空谈而已。

大学之所以在课程综合方面行动缓慢或甚少建树，其原因恐怕不在于大学校长们没有感受到这种需要，而是尚未找到实现综合课程的有效方法。综合课程，绝不仅仅是增加一门新课程，提出新的课程大纲，召开几次讲座、研讨会，或是“为纷乱复杂的课程大厦添加一个新的顶棚，称之为‘环境研究’”。用奥尔的话说，这些仅仅是“补锅匠”和“泥瓦匠”的工作而已。为应对大学教育这种断片式的危机，需要一位“建筑师”，对大学教育的课程做基本的再思考，建立真正的综合课程。但是，在实际应用中，这种“真正的综合”很难实现。尽管综合的课程模式本是可持续发展的自由教育的题中之义，但若无法保证大学教育的学习质量，综合课程模式在大学中还是站不住脚的。

2. 回归自然

可持续发展的思想一直将人与自然的和谐作为一项基本原则。几乎所有关于可持续发展的文献都会反复强调指出，只有人与自然和谐共处，共存共荣，可持续发展才能实现。

实际上，人与自然的和谐，是自然而然地拥有的，是自然或者说是造化规定了的，只是由于人类理性的觉醒和不断超越，这种本然的和谐被遗忘了。但是，这种自然属性在人类身上始终不会消失。所以，人类的一切活动，从本质上看都是自然的。它从属于自然，依从于自然。教育当然也不例外。人类从自然中获得教育的目的、教育的方法和教育的内容。

教育回归自然，正是这种内在追求的表现，让人洗去近代以来科技发展带来的蒙蔽心灵的铅华，重归纯朴的本来智慧。尽管传统的自由教育并没有提出特别的教育方法，但受教育者通过自然所能够获得的感受、体悟，却正是自由教育所追求的精神境界。在这个意义上，可以说教育回归自然也是自由教育的根本要求。正如封孝伦（1999）所指出的，人们“欣赏自然美有一种返璞归真的感受，有一种超凡脱俗、远离尘世喧嚣、洗净人世烦恼的心旷神怡的体验。只有面对自然美的时候，人们才真正感受到自己是一个完整的、活生生的生命存在。如果说，人作为社会关系的一个纽结，在社会的网络上被撕碎了的话，那么在自然中他重新被缝合了；如果说，人在社会阶层的挤压中被削平了的话，那么在自然中，他又膨胀为一个四维立体的生命存在。正是在自然的怀抱中，人充分地享受着大自然赐予的全部的、天然的乐趣。他以一种独立完整的人格与大自然对话，他真正体验到做一个自主的、具有完全生命力的人”。

回归自然，因为自然不仅是人类自身的来源，也是人类思想的来源。奥尔指出，自然的“整体性、稳定性和美”是人类智慧的源泉。事实上，侵犯自然实际上就是破坏人类的思想源泉。奥尔用充满感情的语言说道：“这些自然的事物，流水、清风、树木、云彩、雨露、雾霭、山岳、风景、动物、四季、星空和生命循环的奇妙给了语言和思想以生命。它们（自然）一直在这么做，但也许现在做得不如过去那么多（因为自然没有过去那么丰富）。因此我认为，分解自然不可能不损害人类的智慧。这个问题并不仅仅是生物多样性能够为我们提供什么资源那么简单，而是会从根上切断了人类智慧得以存在延续的源泉。”因此，以发展“真正智能”为任务的自由教育，必然要存有“保全自然、关爱自然之心”。

回归自然，还意味着在更大的视野内把学习过程和本土知识联系起来。自然不仅存在于荒野之中，它也存在于校园内、小区里。回归自然并非意味着把学习从教室、实验室和图书馆转移到森林、原野之中，而是意味着受教育者应当“运用我们的头脑和资源”来解决现实的问题。芒福德（1970）曾经提出，当地小区和区域是“彻底改革学习方法的关键”。芒福德把这视为一种“知识有机化的方法”，认为这种教育来自“普遍的整体——一个区域，它的活动，它的人民，它的结构、它的整个生活”，事实上，在现在的大学所在的城市、地方或国家之中，生物多样性和本土知识都在急剧丧失。在大学教育中纳入这些有关本地的可持续发展问题的思考，能够产生分科教育无法产生的交流方式，把学生、教师和小区成员组织起来，把学习和生活联系起来，把个人的当前行动和社会的未来发展联系起来，把人教育成

“清楚地知道他们居住的地方和生活方式……形成对它们的景观、文化、语言和生活的普通认识”。显然，这也是以本土知识为重要内容的自由教育所追求的。

回归自然，还因为在自然中能够将割裂的知识重新统整起来。整体性是自然的本质属性，人类从自然中学到了整体论，也应当在自然中教授整体论。教育的严格门类限制是人类肢解自然的必然结果，而将支离破碎的学科教育还原成完整的综合教育的有效方法，就是让教育回归自然。当然，正如奥尔（2004）所说，这种回归并不意味着分科的知识不再必要，只是我们应当找到把学科知识放到更深远的自然世界的体验中的途径。应当在大学教育中引入一种“自然的”（体验、感受）方式来教授课程，在学生被引入更高深（抽象）的学科知识之前认真地对待自己的感觉，真正沉浸到特别的自然世界的某一部分中。这不仅是指进行周末远足或野外探险，而是应当给学生较长的时间，让人的感觉能够充分地运用，让人的知性能够充分地涵泳，直到某种深刻的敬畏得以产生，某种感情开始生根。这样，学习者才能更多地从情感上亲近自然，从更细腻和更长远的视角理解自己的行为后果，恢复人的自然本性。

第四节　绿色大学的科研和文化

一、可持续发展的大学科研和文化

1. 可持续发展需要大学科研

在可持续发展过程中，科学技术既是推动者，又是阻碍者。首先，科学技术的进步是可持续发展的动力。脱离了现代科技革命的成果，可持续发展也就无从谈起。而科学技术的进步推动社会关系发生着变革，为可持续发展构造了必要的条件。其次，科学技术的发展和应用，同时给人类实现可持续发展带来了负面影响，制造了障碍。人类在发展物质文明的同时，利用科技成果去变革自然、控制自然、改造自然，破坏了自然原有的运行规律，造成严重的环境、生态等全球性问题，威胁到当代和以后的人类生存。更深刻的是，科学技术在空间和时间上发展得不平衡，扩大了社会、国家、地区、人群之间的差异，埋下了剥削、压迫、仇恨的种子，造成可持续发展的困难。最后，科学技术对可持续发展的负面影响，必须通过对人的改造来加以消除。要消除科技发展的负面效应，必须改变科技发展和应用的社会关系，让越来越多的人成为马克思所说的“新生的人”。在可持续发展的框架下，这些新生的人则应当是“地球公民”。

维纳认为，“（人们）已经意识到科学技术给社会带来的威胁，已经意识到自己在经营管理上应尽的社会义务，那就是要关心利用科学技术来为人类造福，减少人的劳动时间，丰富人的精神生活，而不仅仅是为了获得利润或把机器当作偶像来崇拜。人类面临着许多危险，但是善良愿望的种子也在生根发芽”。大学应当通过各种方式，促进这些“善良愿望的种子”更快地生长。因此，可持续发展需要大学开展正确的科学研究！对此，弗莱克斯纳做过精辟的解释。他认为，第一，深受科技发展影响的现代社会发现，科学在解决问题时产生了更多的问题：比如生命延长了，因此人类将面临一系列新的疾病（在婴儿死亡率很高或预期寿命限于三十几岁时，这些疾病几乎不被注意），所以医学不是减少而是增加了自己的难题；又如，比起小村庄或旷野来，住在大城市的人更健康，更满足，但由此带来的人口拥挤，又引发了严重的社会问题。而对如此层出不穷的难题，除了期待偶尔出一两个天才的孟德尔或达尔文，对人类做出划时代的贡献外，毕竟科学研究越来越需要合作者，越来越需要各种个人所不可能拥有的设备。第二，弗莱克斯纳认为，（为了发展）社会必须采取行动——要么是明智的行动，要么是愚蠢的、盲目的、自私的和轻妄的行动。大学以其实力和声望必须对采取明智的行动施加影响。如果大学不能接受这一挑战，还有什么其他机构能够或愿意接受这一挑战？今天的世界充满着传统、善与恶、种族混合、民族主义和国际主义斗争、商业利益、追求正义或邪恶的巨大物质力量、解放了的工农、不安的东方人、喧闹的城市、冲突的哲学——在这动荡的世界里，除了大学，在哪里能够产生理论，在哪里能够分析社会问题和经济问题，在哪里能够理论联系事实，在哪里能够传授真理而不顾是否受到欢迎，在哪里能够培养探究和讲授真理的人，在哪里根据我们的意愿改造世界的任务可以尽可能地赋予有意识、有目的和不考虑自身后果的思想者呢？人类的智慧至今尚未设计出任何可与大学相比的机构。

显然，弗莱克斯纳赋予大学科研以应对社会发展要求的重大使命。科学技术是第一生产力，是可持续发展的推动力，现代大学是科学技术发展的重要策源地，当然也是可持续发展的重要动力站。科学技术发展的同时给可持续发展带来负效应，大学也是其中的贡献者，当然应当采取行动予以消除。而在消除科学技术的负效应的途径——改造现实的人，以变革生产关系方面，大学更是具有天然的优势。尽管弗莱克斯纳没有可持续发展的观念，但他提出的大学理念却与大学在可持续发展时代应当扮演的角色如此吻合。

值得特别提出的是，在弗莱克斯纳的观点中已经隐含却没有充分阐释的是，大学科研在可持续发展时代必须履行的重要职责——发展新知识和新经济。从一定意义上说，知识经济的各个环节，都与大学科研有密切的联系，是以大学科研为依托的。知识何以产生？知识何以传播、扩散？知识何以运用于生产过程？知识何以成为解决各个问题的措施？诸如此类的问题，都将大学卷入了知识经济的旋涡。从来没有一种经济形态像知识经济这样与大学联系如此密切，需要大学的强有力支撑；从来没有一种经济形态如此强烈地要求大学给予其发展的动力，要求大学参与其中。就此来看，在知识经济时代，大学由通过教学培养人才间接为经济和社会服务的“服务站”逐渐转变为利用科研直接推动经济发展的“发动机”，通过拥有和生产知识和智力资本直接影响经济发展。大学与经济的关系更加直接、更加紧密了。

可见，由于面向可持续发展的新经济形态的出现，大学的科研包括了新的内涵。原来人们提出大学要对科学的内在发展做出贡献时，强调的是大学在新知识的发现上所做的贡献，现在则要求大学在新知识的扩散和应用上也要做出重要贡献；原来人们强调大学使科学和社会的其他部分整合在一起的主要途径是通过人才的输送，现在则要求还要通过研究成果的转化来促进整合。知识经济使大学更贴近可持续发展，使可持续发展更需要大学和大学科研了。

2. 大学校园文化的生态化

概括而言，生态文化是一种基于全球尺度的、长期的、以生态意识和生态思维为主体所构成的文化体系。这种文化体系的建立遵循以下原则：一是整体性原则，即认为地球环境是一个整体，其机能应当被给予严格保护，而不能随意改变或加以破坏。自然保全和人类生存构成相辅相成的共生关系，必须从两者共同进步的角度来加以考虑。二是公平性原则，即从人类只有一个地球的观念出发，从较长的时间尺度来思考问题，讲求代内公平和代际公平。三是协调性原则，即改变人和自然的矛盾斗争哲学观，认识到它们之间的相互关系及与之相关的各种关系的平衡特性，谋求共生、共存、共荣的协调共处。

生态文化是以生态意识和生态思维为核心的。关于生态意识和生态思维，余谋昌（1996）认为，“生态意识是根据社会和自然的具体可能性，最优地解决人、社会和自然关系观点、理论和感情的总和”。生态意识反映了人与自然和谐发展的一种新的意识形态，而生态思维则是人类在新时期新的思维方式，“主要是指运用生态学观点去思考问题，又叫生态方法”。这种思维是以整体性、联系性思维为特征的，强调各种因素的普遍联系和相互利用，强调物质能量的循环再生，强调系统总体物质能量输入输出的平衡。李双成（1999）对此进一步解释道，生态思维是“社会成员具有生态文化的思想意识和认识方法，即用现代生态学原理和理论去观察世界，认识周围客体，并以此作为审视自己言行的准则”。这些观点，为了解生态文化的特征提供了基础。

由此，可以认为，生态文化的特征需要建立在以下几个方面的转变上：首先是生产方式的转变。生产方式的转变是可持续社会的重要特征，主要是将传统的粗放型、高消耗的生产方式，转变成低消耗、低污染的清洁生产。其次是生活方式的转变，主要是摒弃资本主义发展以来形成的生产—消费—废弃的生活方式，在人类的欲望和自然的限制之间找到平衡，把大量消费的生活方式转变成有益于环境的生活方式。最后是价值观念的转变，主要是树立新的自然价值观、资源价值观，建立新的生态价值观念体系。

应当看到，生态文化是一种新的文化选择。通过建设可持续发展的社会，人类可以在增加自身文化价值的同时，保护自然价值，实现两者的辩证统一。可以预测，在未来的人类文化发展过程中，人类的社会实践将既对人类自身有利，也对自然环境有利，这就是当前人类社会追求的目标——可持续发展。而实现这一目标，必然需要选择生态文化的发展方向。

如前所述，从大学校园文化表现出来的基本特征来看，大学校园文化其实与生态文化有着天然的契合。不计利害地对真理的执着、超越小我地对多样性的宽容、以人为本地对精神的追求，这些无一不与生态文化惺惺相惜，血脉相通。但是，由于工业文明时代形成的文化模式对大学校园文化的生成具有长期而深刻的影响，因此在可持续发展的时代，必须将生态文化与大学校园文化进行某种程度的“校准”，才能真正实现大学校园文化的“生态化”“绿色化”。

在某种意义上，大学校园可以被视为一个特殊的社区。可以从物质文化、精神文化、制度文化三个方面来讨论大学校园文化的生态化问题。

物质文化是校园生态文化生成的基础。物质文化是大学长期发展过程中积累下来的外在的、显性的物化文化，包括校园内的教学设施、办公设施、各类建筑物以及校园的整体规划、校园的绿化等。校园物质文化应当体现生态文化的要求，塑造健康、良好的环境氛围，让校园整洁、明朗、幽静、舒适，并且符合大学的品格、身份。不仅令人精神愉快、心旷神怡，而且陶冶人的情操、净化人的心灵，使他们在不知不觉中增强生态意识，形成环境习惯。

精神文化是校园生态文化生成的核心。精神文化是校园文化的灵魂，是校园文化生存与发展的内在动力。它是一种内隐文化，渗透在校内各种文化载体上，通过外化形态如课堂文化、寝室文化、服装文化，以及内化形态如校园群体的价值观念、思维方式、道德准则、情感气质等体现出来。校园生态文化应当依托大学的科学创新精神和学术自由探究精神，提倡公平、民主、和谐、相互尊重、全员参与、丰富多样的文化氛围，以“地球公民”的精神来塑造人。

制度文化是校园文化生成的保障。校园文化得以持久延续并蓬勃发展，关键在于要“有法可依”。校园生态文化建设首先应倡导“以人为本”的管理理念，让校园真正成为教师乐教、学生乐学的乐园。不能让规章制度和行为条例成为束缚人的绳索，而是成为扶持人、帮助人、服务人的支柱。同时，还应当把环境管理的原则纳入大学管理的过程之中，减少大学校园的环境影响，真正实践可持续发展的理念和原则。

尽管如此，生态文化并不会完全消解大学独特的校园文化。大学的校园时空展现着一种特殊的人文自然景观和生活模式，在某种意义上，它是不可替代的。生态文化在校园文化中的倡行并不是要求用一种文化去推翻另一种文化，而是力求在大学校园文化中纳入生态文化的维度，把生态文化作为大学校园文化不可或缺的有机内容，从而使大学能够承担起在可持续发展中文化创新方面的责任。尽管大学校园文化是一种社会亚文化，是整个社会文化系统的一个组成部分，但由于大学在现代社会中的“轴心地位”，大学校园文化在面向可持续发展的文化创新中具有举足轻重的作用。大学在社会文化层面上通常高于其他社会组织，在文化影响上常常也超过其他组织，在文化传播中常常处于文化传播源的地位，而大学的批判性和前瞻性又常常令大学成为推动社会文化进步的动力。因此，大学校园创立生态文化，必然会影响和引导周围社区乃至社会文化的方向，引领整个社会向可持续发展的方向前进。

二、可持续消费和有教育意义的建筑

1. 可持续消费

可持续消费是可持续发展文化的重要组成部分。对可持续发展而言，消费模式和经济增长方式的合理性都是同等重要的议题。经济增长的粗放型和消费模式的扭曲型，都是社会发展素质不高的体现：一个表现在经济上，另一个表现在社会上。不可持续的消费和生产模式，是造成全球资源环境继续恶化的根本原因。消费者代表着经济的需求端，是经济和社会能否持续发展的最终主导力量。从某种程度上说，可持续发展最终依赖于消费者生活方式的根本转变。

因此，在大学校园里建设可持续发展文化，不可或缺地要求大学人以可持续消费方式来要求自己，在社会中率先超越工业文明中物质消费主义的价值观，走出享乐主义和奢侈浪费主义的怪圈，通过道德修养、艺术审美等人文追求，使人的存在、人的发展保持主体性，心灵世界更广袤、更深沉、更美丽。正如米都斯等人在《超越极限》一书中所说的那样，“在一个渴望消费，提倡消费，而且肯定消费的价值并对消费进行奖励的社会系统中，一个只提倡适度物质需求的人是很难生活下去的。但是人们可以朝适度消费的目标做长期努力”。这种长期努力，需要大学人的参与。

那么，大学人如何实践可持续消费呢？《21世纪议程》中，就可持续消费强调了6个方面的具体内容：（1）鼓励提高能源和资源的使用效率；（2）尽量减少废物的产生；（3）协助个人和家庭做出无害环境的购买决定；（4）通过政府采购发挥领导作用；（5）迈向无害环境的定价；（6）加强支持可持续消费的价值观。可以看到，这不仅包含对消费者的要求，也包含着对政府和其他社会组织的要求，还包含对生产环节的要求。

和可持续发展一样，可持续消费不能仅仅是文本和口号，而应当是活生生的实践。如前所述，大学人比大学以外的其他人更有条件、更有理由、更愿意去实践面向可持续发展的生态文化。大学人亦应当在大学的校园生活中践行可持续消费，为可持续发展文化进行宣传。在以下一些基本原则的基础上，每个人都可以提出自己的可持续生活的原则。

首先，可持续消费文化要把消费取向从崇尚物质转向崇尚精神。放慢追求金钱和财富的脚步，而把更多的时间用于学习、审美、思考、休闲、娱乐，来追求完善和健康，激发思想、意志和感情，启迪智慧、潜能和精神，融洽家庭、人际和种种社会关系。不再推崇物质财富和过度的物质享受，而把拥有智慧认为是一种幸福。

其次，可持续消费要以适度消费代替过度消费。过度消费已经成为一种全球性的公害，特别是在工业化国家和工业化初期的东方国家尤为严重。过度消费消耗资源较多，却无益于人的身心健康，使消费的经济效益和社会效益大大降低。例如，近年来，随着中国消费水平的提高，人们长期受压抑的物质欲望被极大释放，人们在各个方面比排场、摆阔气，造成极大的浪费。从生态足迹的分析中可知，这种过度消费剥削了其他社会成员的基本生存需要，是造成资源浪费和环境破坏的直接根源。同过度消费比较，适度消费以“足够则可，不必最大、最多、最好”为原则，并不反对不断提高消费水平，而是反对挥霍和浪费。

再次，可持续消费要以提高生活质量为中心。生活质量既反映人们的物质生活状况，又反映社会和心理特征，涵盖居民生活需要的各个方面，如衣、食、住、卫生与健康、就业、社会秩序与安全、公平、自由、满意感等。按照美国学者加尔布雷斯的定义，生活质量更强调“人的生活舒适、便利的程度和精神上所得到的享受和乐趣”。因此，提高生活质量，意味着强调生活需求的个性化、多样化。人们不仅要生存，而且要生活得更好，发展得更全面。

最后，可持续消费应当尽可能选择绿色产品。绿色产品是指那些在生产和使用过程中对人体健康和环境无害，符合环境保护要求的工业产品。例如，绿色食品包括以下一些标准：产品的原料产地具有良好的未受污染的生态环境，食品原料作物的生产过程，以及水、肥、土等条件符合无公害（无污染）的标准，产品的生产、加工、包装、储运过程符合食品卫生法规，等等。绿色消费提倡尽量选择无污染、无公害，有助于健康的绿色产品。把购买绿色产品视为一种时尚，视为对生产质量更高层次的追求。在购买产品时，不仅考虑使用价值，还要把个人消费和身心健康、居室环境质量、区域生态环境和全球环境问题联系起来考虑。

2. 有教育意义的建筑

前面已经提及，在大学校园的生态文化建设中，校园物质文化是校园生态文化产生的基础，其中尤以大学的建筑为核心。大学的建筑，凝结了大学校园文化的精髓，形成独特的文化景观，以一种“不太被人注意的固有的‘范型’和‘价值’”支配着、影响着人们，潜在地影响着大学人的思想和行动。

然而，事实上大学校园里的建筑物很少表现出作为“高深知识的场所”所应当具有的思想、想象力、归属感、生态意识，“以及与任何更大的教育内容的联系”。奥尔（1994）更尖刻地说道，“大学的典型建筑看起来和商场、饭店和殡仪馆有着同样的外表，执行同样的标准”。这样的建筑，能帮助大学建立可持续发展的校园文化吗？

有些人认为这未免小题大做了。一座建筑只不过是一座建筑罢了，在建筑中发生的过程，与建筑有什么关系呢？如果大学里的一座建筑不够美观，或者与周围的环境不够协调，那顶多也就是一种物理影响罢了，这与在其中进行的教学和研究过程并无关系。即使有，也不过是物理影响罢了。

果真如此吗？如何设计、如何建设、如何布局、如何运行这些大学中的建筑，真的与大学的教育无关吗？难道人们生活其中的建筑，不会对人的观念、思想产生影响吗？

回答显然是否定的。人们对环境的体验总要受到他们学习所在的环境的影响。建筑的特性对于培养人的价值观、态度和行为是非常重要的。大学的建筑是一种无形的教育，建筑本身就内含“看不见的课程”（hidden curriculum），这种课程和任何在其中教授的课程一样有效。如果要在大学校园中建立一种生态文化，那么大学就必须具有鼓励这种文化生成的建筑。

仔细考察建筑物的设计、建造和运行，可以发现，大学的建筑可能负载着许多与可持续发展文化相左的观念，它（们）并不是“价值中立”的！

第一，大学里建筑物可能告诉人们，真正的权力来自行政的力量，而不是学术的力量。如奥尔所言，大学里的建筑物常常是建筑师的野心、捐资人的私心、校长的雄心共同作用的结果。然而，有多少建筑物在设计、建造和运行的过程中征询过在其中使用这所建筑物的那些人——教师和学生——的意见？学术建筑物本应是为其学术目的服务的，但是在多大程度上建筑物反映了学术的需要呢？因此，从这样的建筑物那里，一个合理的推论是，行政的特权会超越学术的特权，行政权力可以“把它所希望的东西强加于学术景观上，而不必向学术景观的营造者、拥有者和享用者做出任何解释”。这难道不是对大学精神的一种背叛吗？

第二，大学里的建筑物可能告诉人们，建筑物的设计仅仅是一个技术问题，它不会影响思想的形成、学习的过程和结果，等等。由此合乎逻辑的想法是，建筑物的伦理、生态和美学方面不会像它的技术方面那么重要。这种“技术主义”导致那些钢筋水泥和玻璃堆砌而成的、与周围环境和大学氛围极不协调的、丑陋和平庸的建筑物充斥了大学的校园，而大学里的人们对此顶多嘟囔几句，却不会站出来呐喊，认为这些降低了大学的生活质量。

第三，大学里的建筑物可能告诉人们，建筑物的能源消耗不是设计时需要重点考虑的因素。在建筑物的设计、建造和运行过程中，如何尽可能高效地利用自然光、太阳能、雨水等自然能量和物质常常不会被考虑。因此产生的认识是，能源浪费和低效利用是合理的，从而对能源产地的环境退化视而不见，割裂了大学与其所依赖的当地环境和全球环境的联系。

第四，大学里的建筑物可能告诉人们，即使是作为象牙塔的大学，与社会仍然遵循同样的功利的成功标准。同样以巨大、壮丽、奢华为标准，而不是考虑建筑物的实用性和“适度消费”。

第五，大学里的建筑物可能告诉人们，智慧似乎可以在一个缺乏想象力的地方得到培养。正如奥尔（1994）所说，学术建筑物的创造力大部分被限制在建筑物的正面。而在学习发生的地方，创造力却止步不前。立方体的教室和演讲厅仍然和中世纪前的样式相差无几。这样的空间对激发精神、刺激想象、充实智慧，或提醒人们自己是地球生态社区的一员的帮助极少。

很多时候，人们没有意识到建筑物也是教育的一部分，但它们确实是。那么，教育发生、智慧生成、可持续发展的文化得以栖身的建筑物应当做些什么呢？

第一，应当让建筑的使用者和周围社区的人们参与设计和建造的过程。建筑物需要表达什么样的观念和理想？具有什么样的生态暗示？其中反映了什么样的权力关系？这些讨论并不仅是技术细节。通过这种方式，建筑的过程成了培养公民民主参与意识的过程，这才是最重要的。

第二，建筑物可以成为联系当地和远方、生态和经济的中介。例如，一座建筑物从建成到拆毁需要多少能源？它的维护需要什么样的材料？这些材料从哪里来？在开采、运输和安装过程中对环境施加了什么影响？是否产生或抛弃了有毒物品？谁来承担处理这些废物的成本？等等。这些都是养成环境伦理学的好教材。

第三，好的建筑物蕴含着丰富的生态学知识，本身就是一个生态环境。可以通过微生物系统循环利用有机垃圾，充分利用太阳能和自然风，与周围的植物融为一体，为动物提供栖息地，等等。

第四，好的建筑物表现出对自然环境的关心和尊重。建筑物本身是环境的一分子，它应当是与环境共生的，尽可能减少对能源的消耗和垃圾的产生，运用自然的循环法则来运行建筑物。例如，英国一所大学的生态房利用人体散热、阳光和使用家电设备所产生的热量来取暖，用电依赖风力和太阳能电池，用水使用处理后的雨水，粪便和污水则流入堆肥坑，经发酵后供花园施肥。

第五，好的建筑物还要“以人为本”，表现对使用者的关心。大学里的建筑物应当一方面注重环境，另一方面给使用者（教师、学生和员工或其他使用者）足够的关心，满足他们对建筑物的不同需求，从而为使用者提供一个安静、和谐、舒适、宜人的居住、工作、生活条件。

第六，好的建筑物应当是多功能的、丰富的、能够扩展想象力的地方。教室在不上课的时候常常是空无一人。为什么？因为它通常是无趣的、令人不快的地方，只是依单一功能而建设，不能达到其他目的，这种单调性限制了建筑物的功能发挥。奥尔（1994）追问道，什么是好的教育环境？典型的教室怎样转化成可以鼓励生态意识、创造力、反应力、公民性的地方？怎样让材料、光线、声音、水、空间布置、开放性、景色、颜色、质地、植物和动物结合起来，加强学习的广度和深度？他进一步提出，好的学习场所应当是让人感到舒服的场所：是人文化的、有趣的、结合自然的，能够与人生命深处的内在产生共鸣的地方。

大学本身是文化发展的产物，它的诞生与人类历史的转折点密切相关。同时，大学也是一种文化，有着自己的文化精神和品格，通过文化来教育人、培养人。在人类面临可持续发展危机的时代，在社会需要建立新的可持续发展文化的时代，正是大学应当“引领大众超越物质层面的需要在精神上不断完善自己”的时候。大学不应该也不可能封闭在“象牙塔”里，而应该积极参与到推动和建设可持续发展文化的洪流中，“担负起推动历史进步、促进社会文明的责任，它应该像一盏明灯，真正成为精神文化的中心，作为精神文化领域里一股持久的否定力量，引领大众在文明与野蛮、高尚与媚俗、进步与倒退之间做出正确的抉择”。

第二章

怎样创建绿色大学

第一节　绿色大学的共识和承诺

一、国际社会对绿色大学的共识

教育一直是环境与可持续发展事业中的重要组成部分。高等教育（大学教育）作为人类教育体系里最富有前瞻性、导向性和创造性的部分，又是“教育促进可持续发展”最重要的力量之一。从历史上看，可持续发展事业中这种重视教育力量的传统来源于20世纪40—50年代以来的环境保护、自然保育的工作实践，并在1987年《布伦特兰报告》中明确地表述了可持续发展的基本理念之后进一步凸显出来。从1972年环境保护事业起步以来，在一系列关于环境与可持续发展问题的重要宣言和文件中，“教育促进可持续发展”一直是主题之一，并且得到反复的强调。

许多国际宣言皆提及高等教育与可持续发展的议题，最早的可溯至1972年的《斯德哥尔摩宣言》。各宣言中皆指出面向可持续发展的高等教育机构，需结合政府与民间的力量，由大学领导人发起，动员学校全体人员，自愿地实行环境行动计划，肩负起对目前及未来时代重要的责任与义务。

《斯德哥尔摩宣言》：1972年在瑞典首都斯德哥尔摩召开的第一次人类环境会议的宣言中就提出，环境问题主要来源于“人的无知和不关心”。而消除“无知和不关心”最重要也最有效的工具当然是教育。尽管没有针对高等教育提出具体的要求，《斯德哥尔摩宣言》的第19条中仍然从一般教育的角度提出，应当在儿童到成人所有的年龄段提供环境教育，要求教育“扩展其基本内容，促进个人、企业和团体理解环境对人类的全部意义，提高保护和改善环境的意识和责任感”（UNESCO，1972，Principle 19）。

《第比利斯宣言》（*The Tbilisi Declaration*）：1977年，联合国教科文组织和联合国环境规划署在第比利斯召开了政府间环境教育会议，本次会议发表的《第比利斯宣言》为全球环境教育的发展奠定了基本框架和体系。《第比利斯宣言》延续了《斯德哥尔摩宣言》的思想，主张应当为各级各类人士在一切水准上、在正规与非正规教育中提供合格的环境教育。同时，宣言也对大学教育中的环境教育提出了建议，要求大学在办学中纳入环境和可持续发展的思想，并鼓励大学以国际眼光和完整的方法，在教师、学生和职员中开展关于可持续发展的活动（Wright，2002）。

《21世纪议程》：进入20世纪90年代以后，1992年，联合国在巴西里约热内卢召开了有180个国家代表参加的“联合国环境与发展”大会，会后公布的《21世纪议程》认为，“教育对于促进可持续发展和公众有效参与决策至关重要”。“教育和培训”在《21世纪议程》中出现次数达到了617次，显示出教育对可持续发展的作用得到了充分肯定。在《21世纪议程》的第36章中指出：“目前对人类活动和环境的内在联系的意识仍然相当缺乏，提议开展一个全球教育活动，以加强环境无害的和支持可持续发展的态度、价值观念和行动。”《21世纪议程》认为，“应当确认，教育（包括正规教育）、公众认识和培训是使人类和社会能够充分发挥潜力的途径。教育是促进可持续发展和提高人们解决环境与发展问题的能力的关键”，教育是“人类最好的希望和寻求达到可持续发展最有效的途径”。为此，大会“授权国际环境教育计划调整到可持续发展的方向”，“在世界范围内开展环境教育以求得持续发展”。

《塞萨洛尼基宣言》（*The Thessaloniki Declaration*）：1994年，联合国教科文组织提出了“为了可持续性的教育”，要求把环境教育与发展教育、人口教育等相融合，并转向可持续发展的方向。1995年8月，联合国教科文组织、联合国环境规划署、地中海地区环境、文化与可持续发展信息处，在希腊雅典召开“环境教育重新定向以适应可持续发展需要”地区间研讨会，针对面向可持续发展的环境教育这一主题进行了广泛的交流与讨论。继之，1997年，UNESCO在希腊的塞萨洛尼基召开会议，会题即为“环境与社会：为可持续性的教育和公众意识”。会议明确指出，“在第比利斯建议的框架中发展起来的环境教育，是作为对应21世纪议程及主要国际会议中提出的全球性问题而使用的，但作为为了可持续性的教育也可以使用，因此，可称之为‘为了环境和可持续性的教育’”。《塞萨洛尼基宣言》还指出，所有的学校学科都能够也必须和环境与可持续发展问题联系起来，大学课程也必须重新定向，应当用整体论的方法来进行组织。该宣言还呼吁教育（包括大学）的管理者和领导者认真履行他们对环境和可持续发展的承诺，真正去完成已经签署的各种宣言的任务（Wright，2002）。

《联合国可持续发展教育十年计划》（*The United Nations Decade for Education for Sustainable Development*）：尽管国际社会已经普遍认同“可持续发展教育”的重要意义，但是实现教育向可持续发展的转变并非一帆风顺。里约会议号召所有国家到2002年都应制定一份可持续发展教育策略，但到2002年在南非约翰内斯堡召开“可持续发展世界峰会”时，仅有一小部分国家起草了全国性地推行“可持续发展教育”战略计划。于是，“可持续发展世界峰会”提出，“应当考虑确立2005年起的10年为‘可持续发展教育十年’”。2003年的第58次联合国大会上讨论通过了“关于从2005年1月起的10年定为联合国‘可持续发展教育’十年”的提案，并同时责成联合国教科文组织作为推动该十年计划的领导机构，要求教科文组织草拟在世界范围内实施该“十年”的行动计划。2005年1月，该“十年”的国际实施框架的草案由联合国教科文组织首次颁布。虽然并非一份会议宣言，但该行动计划的内容较完整地表达了目前国际社会对教育与可持续发展关系的共识，也是确定教育（以及高等教育）在可持续发展理论体系中的地位的最新的，也许是最重要的文件。“可持续发展教育十年”行动计划特别指出，“高等教育扮演着特殊的角色。大学必须要作为研究和学习可持续发展的场所，作为所在社区和国家的可持续发展的倡导者和中坚力量而发挥作用。……高等教育也应当通过与教学紧密结合的可持续发展的采购、投资和设施建设，在（可持续发展）实践中充当表率。……高等教育应当强调体验的、探究式的、问题解决的、跨学科的教学方法和批判性思维”（UNESCO，2005）。

《2030年可持续发展议程》和《教育2030行动框架》：2015年9月，联合国发布了《2030年可持续发展议程》，该议程提出了17个战略目标、169个具体目标的“可持续发展目标”（Sustainable Development Goals，SDGs）。该议程承接并取代了2000年开始实施的“千年发展目标”（Millennium Development Goals，MDGs），未来15年内在全球范围促进和平、包容的社会，创造更好的就业机会，应对严峻的环境挑战，尤其是气候挑战，推动人类社会的可持续发展。从联合国发展规划署的解释来看，“千年发展目标”仅仅是列举了人类进入21世纪可能面临的一些严峻挑战，而“可持续发展目标”则涵盖了更广泛的发展主题，致力于“一个都不能少”的所有国家共同进步。2015年5月19—21日，世界教育论坛在韩国仁川松岛国际会展中心举办。本届论坛以“通过教育改变人生”为主题，通过了为今后15年的全球教育确立新目标的《仁川宣言》，宣言坚决支持可持续发展教育全球大会上发起的“可持续发展教育全球行动计划”，强调人权教育与培训的重要性，以达成2015年后的可持续发展议程。2015年11月4日，第38届联合国教科文组织全体大会通过了《教育2030行动框架》，针对《仁川宣言》提出的“确保全纳平等优质的教育，促进全民终身学习”设定了清晰的目标和指标。“可持续发展目标”的第4个战略目标为：确保全纳公平的优质教育，推动全民终身教育。在此战略目标之下的具体目标4.3条中提出：到2030年，确保所有人（女性和男性）都能平等地得到足够的、优质的技工、职业和第三级教育，包括大学教育。具体目标的4.7条提出：到2030年时，所有进行学习的人都掌握必要的知识和技能来促进可持续发展，具体做法包括进行关于可持续发展、可持续生活方式、人权和性别平等、促进和平和非暴力文化和全球公民意识的教育，以及了解文化多样性和文化对可持续发展的贡献。因此，在“可持续发展目标”的框架中，高等教育阶段“促进平等”和“促进可持续发展”将成为重要的内容。

以上宣言或文件在一般意义上确立了高等教育与可持续发展的关系框架，另外，许多关于高等教育的国际性会议也都从不同层面和角度讨论了大学对可持续发展的贡献，强调了大学在可持续发展中的实践角色。在全球化知识经济时代，高等教育比以往更多地扮演着“发展的引擎”的角色。通过生产、转化和应用知识，设计、传播和实施政策，高等教育机构可以在地方、国家和国际层面很好地发挥作用，保持不同层次的发展目标与全球的可持续发展目标之间的一致性。从国际讨论的不同声音中已经可以清楚地看到，在高级别的教育战略中，强大的高等教育部门是未来达成可持续发展目标不可或缺的部分。

二、高等教育界对绿色大学的承诺

基于国际层次的各种宣言、文件的有关精神，许多大学开始有意识地组织起来，参与可持续发展的相关行动。通过国际交流和有关会议，世界上的不同大学就可持续发展的概念、大学与可持续发展的关系、大学应为可持续发展承担的责任和行动方面达成了一些共识，并通过宣言的形式表达出来。

《塔卢瓦尔宣言》(*The Talloires Declaration*)：这是第一个由大学做出的承认大学应对可持续发展负责任的文件，1990年由20所不同国家的大学校长在法国的塔卢瓦尔提出，1994年做了修订。它指出，“大学的领导者必须推动、支持并动员内部和外部的资源，使大学能够应对这一急迫的挑战”。宣言提出了10点大学应采取的行动，包括：提升环境可持续发展的意识、创建可持续性的大学文化、培养对环境负责的公民、培养人的环境素质、实现大学的生态化（Practice institutional ecology）、全员参与、跨学科合作、强化中小学教育、扩展服务和国内国际联系、持续采取行动。会后，成立了“为可持续的未来大学校长联合会”（University Presidents for a sustainable future），后来更名为“为可持续的未来大学领导者联合会”（University Leaders for a sustainable future，ULSF），作为宣言的执行机构。《塔卢瓦尔宣言》的提出为大学的绿色行动指出了主要的方向，影响是深远的。到2010年8月为止，全世界共有421所大学签署宣言，范围扩及全世界各洲各国，其中以美国、哥伦比亚和加拿大签署的大学最多（ULSF，2010）。

《哈利法克斯宣言》：这是1991年在加拿大的哈利法克斯召开的“大学可持续发展行动大会”（Conference on University Action for Sustainable Development）的直接结果。这次大会的目的主要是推动加拿大的大学实施《塔卢瓦尔宣言》。会议确认了大学对可持续发展的重要作用，并且强调，为了在地方、国家和世界层面上为可持续发展做出贡献，大学必须重新审视和建构自己的环境政策。部分加拿大大学签署了该宣言。

《京都宣言》：该宣言的产生与1992年在巴西里约热内卢召开的联合国环境与发展大会密切相关，环境与发展大会上通过的《21世纪议程》正是国际大学联合会（International Association of Universities）在1993年召开的圆桌会议的基础。在本次会议上，与会者认为“世界上重要的大学对联合国环境与发展大会缺乏贡献”是令人惊讶而沮丧的。因此，参与该会议的世界各地的90位大学领导人，一方面肯定“大学在帮助解决全球社会的压倒性问题方面已经做出了独特贡献”，另一方面指出大学还需要承担更多的责任。《京都宣言》呼吁，应当对在大学中如何实现可持续性做进一步的研究工作，并且提出全世界的大学都应当为可持续发展的目标制订行动计划，还强调了大学在环境和可持续发展方面的道德责任和大学运行方面的环境问题。但是

《京都宣言》没有要求与会者的签署。

《斯旺西宣言》：该宣言在1993年由来自47个国家的400多所大学在英国威尔士的斯旺西提出。宣言重申了过去的若干宣言中强调的大学对“建立一个可持续发展的社会”的重要责任以及应当采取的行动。值得注意的是《斯旺西宣言》提出了要把国家之间的平等作为可持续性的重要指标，要求富国的大学对其他国家的大学增强可持续性的行动提供必要的援助。

《为可持续发展的大学宪章》：又称《哥白尼宪章》[①]，由“欧洲大学校长联合会”（Conference of European Rectors, CRE）在1993年提出，该组织现名“欧洲大学联合会”（Association of European Universities）。该宪章代表了该组织500多个大学成员讨论的结果，要求大学成为建设可持续社会的火车头，强调要在大学中建立新的环境思想和价值观，呼吁大学之间建立网络共同完成这一伟大的任务。“欧洲大学联合会”中的许多成员（超过280个）已经签署了这份宪章。

《吕内堡宣言》：2001年10月，COPERNICUS及其派生的“全球为可持续性的高等教育伙伴”（Global Higher Educationfor Sustainability Partnership）与国际大学联合会、为可持续未来的大学领导者联合会、联合国教科文组织共同组织，在德国的吕内堡（Lüneburg）召开了“为可持续性的高等教育——走向世界可持续发

① 1994年于日内瓦由欧洲大学联合会（Association of European Universities）发起的“自然与工业大学协作研究欧洲计划”（CO-operation Programme in Europe for Research on Nature and Industry through Coordinated University Studies）所制定。由于该项目缩写为COPERNICUS（哥白尼），所以又称《哥白尼宪章》。

展大会（里约10年）”大会，作为准备参加2002年即将召开的世界可持续发展大会的高等教育界的预备会议。会后发表了《吕内堡宣言》，宣言指出，高等教育是可持续发展教育和学习型社会的“催生婆”，应当在为可持续发展培养学者、决策者方面负起责任。宣言还号召全球高等教育机构、非政府组织、各国政府、其他相关方面、联合国和联合国教科文组织联合起来，在高等教育中落实《21世纪议程》第36章的有关原则和要求，并强调了大学既要建立大学之间的网络，也要建立与其他方面的合作关系，共同开展活动。

《乌班图宣言》：2002年，在南非的约翰内斯堡世界可持续发展峰会上，11个世界性的教育和科学相关组织联合发表了该宣言，呼吁采取行动，加强为可持续发展的科学和技术教育。宣言中指出，“教育是应对可持续发展的挑战的关键”，并且重申了《吕内堡宣言》的主张，强调高等教育在应对可持续发展的挑战方面对所有教育层次具有不可或缺的先行和支撑作用。宣言还呼吁应当重新审视和改进中小学与大学的课程，改进教学、学习和研究的方法，以便更好地纳入可持续发展的主张。另外，宣言强调了建立“新的教育和可持续性的全球学习‘空间’”的重要性，希望在各种科学和教育机构间建立有效的网络，促进宣言目标的实现。

《G8大学峰会札幌宣言》：2008年6月29日至7月1日，在2008年的八国峰会召开前夕，联合国大学和7所来自八国集团国家的大学、6所来自非八国集团国家的大学校长聚集在日本札幌，就大学对可持续发展的贡献和应当承担的责任开展讨论，会后发表了《札幌宣言》。宣言重申了前述的一些重要的宣言和文件（例如《21世纪议程》《可持续发展教育十年计划》《吕内堡宣言》等）的精神，就可持续发展的重要性、可持续发展的政治紧迫性、大学的责任、重构科学知识体系的必要性、加强已有网络之间联系的“网络的网络”的必要性、知识创新的必要性、为可持续发展的高等教育、大学校园对社会可持续发展的示范意义等方面达成了共识。与会的大学校长们在宣言中承诺，将负起责任努力推动政策、社会和学术界的转变，促进全球可持续发展；制定和实施有关行动，建立能够促成上述目标的“网络的网络”；运用“网络的网络”作为科技和公共政策创新的平台，通过教育与科研合作，加强与发展中国家大学和科研机构的合作，并提供必要的支持；为前述目标的实现积极地提供必要的组织、行政和资金支持；与所在社区合作，以校园为示范地，开发社会可持续发展的模式；呼吁世界上的其他大学采纳并共同履行这些承诺。

第二节　绿色大学的评测和排名

一、大学可持续性的评测

大学促进可持续发展必须在不同方面采取行动，其中基本的一个方面就是大学自身的可持续性。“可持续性”来源于“可持续发展”，最初是一个生态学概念，后来在布伦特兰报告中得到确认。一般认为，可持续性即指经济、自然（生态）和社会三个方面诸多因素的协调效应。如何衡量和评测可持续性，也成为推动组织、地区和国家等主体面向可持续发展的有效途径。

在对大学的可持续性开展评测方面，已有大量先行研究进行了分析和检验。例如，波普等人（2004）分析了大量评测体系，将之归为“综合环境影响评价”和“综合战略环境评价”两大类。尼斯等人（2007）则根据不同评测工具的目标，要求评测工具应当超越关注环境（生态）影响的局限性。洛扎诺（2006）、哈克等人（2007）、费尔巴拉斯等人（2009）、拉莫斯等人（2013）提出了评测大学可持续性的实证指标和操作体系，波尔（2013）则对美国的一些大学评测体系进行了分析评述。虽然建立“经济—生态—社会”三维度的大学可持续性评测模型并非易事（特别是在社会维度方面），但一些研究仍然就此进行了探索和尝试。此外，在实践层面上，也有许多大学为评测自身可持续性提供了大量实例。托马休（2014）将大学的可持续性划分为基本层面（包括能源、事物、物质材料等）、社会层面（包括管治、投入、福利、服务等）、学习层面（包括课程、设计、校园美学等），在美国的一些小型学院开展工作。柯什等人（2013）、霍尔德华兹等人（2004）、米勒（2011）则分别报道了在马来西亚、澳大利亚和新西兰的一些大学的案例。

总的来看，目前对大学可持续性的评测主要集中在各国的零星大学，或是个别地方和国家的报告，很少形成标准化的、可对比的数据体系，也很少在此基础上进行位序排列。“人与星球大学联盟”（People & Planet University League）从2007年开始公布英国大学的环境和社会责任指数排名，这可能是最早的国家层面的大学可持续性排名系统，但是全球性的大学可持续性排名系统仍然罕见。印度尼西亚大学在2010年开发的大学绿色度指数排名系统（GMUR）可能是世界上首个对大学的可持续性进行全球排名的系统，与世界上已有的其他大学排名系统大多关注研究和教育方面不同，这一排名系统主要关注的是大学的环境表现。同时，这一系统从可持续性三个维度的理论出发，建立定性和定量相结合的指标体系，力求全面刻画大学的可持续性，这也使得它与已有的调查、评分、排名和案例有所区别。

近20年来，大学排名之风在世界范围内方兴未艾。但是，在诸多的大学排名中，绝大多数关注的是大学的学术声望和教育水平，极少关注到大学的环境和可持续发展水平。目前，至少有40个国家提出了为数众多的大学排名系统。其中影响较大的有泰晤士高等教育世界大学排名（THE）、QS 世界大学排名、上海交大世界大学学术排名（ARWU）等。在诸多的大学排名系统中，只有极少数系统对大学的可持续性进行评测。

二、绿色大学的评测工具

1.“绿色度”排名系统（GREENSHIP）

“绿色度”排名系统是由成立于2008年的非政府组织印度尼西亚绿色建筑委员会发起的排名系统。这一系统源于美国绿色建筑委员会的能源和环境设计领袖（Leadership in Energy and Environmental Design，LEED）证书的评选机制，在加拿大、墨西哥、哥伦比亚、巴西和阿根廷得到广泛应用。GREENSHIP系统的开发主要是由印度尼西亚的诸多相关机构进行的，也在马来西亚、中国香港和澳大利亚得到应用。

这一排名系统的关注点是绿色建筑，依从于四个基本原则：简约性、易用性、对现有技术的运用、与本地环境的适应。其中，设计必须适应于本土的理念是一个核心概念，也影响了GMUR的设计。

对于新造建筑和已存建筑，评测的指标权重略有不同，但均包括以下几点：适当的选址、有效用能和节能、节水、循环利用、居室健康和舒适度、建筑物的环境管理等（见表2-1）。这一排名主要使用于印度尼西亚，其中的一些指标也为GMUR所使用。

表2-1 “绿色度”排名系统（GREENSHIP）的指标和权重

编号	项目	分值
1	选址	17
2	能效和节能	26
3	节水	21
4	材料及其循环	14
5	居室健康和舒适度	10
6	建筑物的环境管理	13
	总计	101

2. 可持续性监测评估和分级系统（STARS）

可持续性监测评估和分级系统（Sustainability, Tracking, Assessment and Rating System，STAR）是产生于美国的校园可持续性排名系统，由高等教育可持续性促进会（Advancement of Sustainability in Higher Education）发起。原先该系统仅在美国和加拿大应用，现在也逐渐向其他地区推广。

STARS是一个分级系统而不是排名系统。这一系统的主要指标包括大学的环境、经济和社会方面，包括教育和研究、运营、规划管理和参与，同时也部分考虑创新方面的因素（见表2-2）。

表2-2 可持续性监测评估和分级系统（STARS）的指标和权重

编号	项目	分值
1	教育和研究（通选课程18，专业课程55，研究27）	100
2	运营（建筑13，气候16.5，餐饮服务8.5，能源16.5，园地3.25，采购7.5，交通12，废弃物12.5，水资源10.25）	100
3	规划、管理和参与（协作与规划18，多样性和可得性13.75，人力资源19.75，投资16.75，公众参与31.75）	100
4	有创意的活动	4

STARS提供了大学可持续性的理论框架，并且能够评测和比较不同大学的可持续性，对GMUR有着直接的启示。但是，STARS是为北美大学设计的，其中的一些指标对发展中国家的大学并不适用。另外，STARS的测量工具比较详细和复杂，对于大学而言要完成全套评测并非易事，这也可能令一些潜在的参与者望而却步。

3. 学院可持续性公报系统（CSRC）

学院可持续性公报系统（College Sustainability Report Card，CSRC）是2007年始于美国的一项可持续性评测系统，由可持续资产研究所（Sustainable Endowments Institute）发起，旨在对美国和加拿大高等教育机构（学院和大学）的校园和资产的可持续性进行评估。此项活动在2012年之后不再进行，此前已对北美的300多所大学进行了评估。其评估体系有10个方面的52个指标，包括：管理、气候变化和能源、食物和循环利用、废弃物减量、绿色建筑、学生参与、交通、捐资透明度、投资重点、股东参与等。每一方面的权重均为100分，总分1000，再转化为5级评分的 ABCDF。

4. 中国台湾的绿色大学评量系统

中国台湾地区关于绿色大学评测的研究始于2002年，并在此后进行了试验性的推广和交流。目前，中国台湾地区虽然没有统一的绿色大学评测工具，但以叶欣诚（2002，2004，2007）为代表的相关研究成果为基础，已经发展成比较完整的指标和评量系统。

中国台湾地区的绿色大学评量系统设定的一级指标为环境系统、环境管理和环境教育三项，各占1/3的权重。每个一级指标下，各有若干个根据专家咨询法确定的二级指标和权重分量。分别根据“依比例计算”“由标准值评估”和“策略拟定”三种计算方法进行评分，最终得到一个评定值（见表2-3）。

表2-3　我国台湾的绿色大学指标系统及其权重

面向（权重）	主指标（权重）	次指标（权重）	评估标准
环境系统（0.3333）	SA空气质量（0.0833）	SA-1校园周边空气污染情况（0.0278）	校园周边空气污染监测站PSI>100的日数百分比划分为6个等级
		SA-2校园内移动性污染源的使用率（0.0278）	计算校园内机动车辆的使用率
		SA-3校园二手烟管控（0.0208）	根据《烟民管控法》中关于吸烟场所限制和对烟民教育宣传的条款，归纳5项评估重点
	SB水资源系统（0.0833）	SB-1节约用水（0.0278）	以标准值评估学校每人每日平均用水量
		SB-2废水水质（0.0208）	计算学校申报废（污）水水质检测合格率
		SB-3回收水的使用（0.0208）	计算学校雨水与废水回收再利用率
		SB-4饮用水水质（0.0208）	计算学校饮用水水质检测合格率
	SC废弃物处理现状（0.0833）	SC-1垃圾减量（0.0417）	以标准值评估学校每人每日平均垃圾量
		SC-2资源回收状况（0.0417）	以标准值评估学校资源回收率
	SD校园环境现状（0.0833）	SD-1基地绿化指标（0.0417）	计算学校乔木和灌木覆盖比
		SD-2基地保水指标（0.0417）	计算学校可透水面积比

续表

面向（权重）	主指标（权重）	次指标（权重）	评估标准
环境管理（0.3333）	MA环境管理政策（0.0556）	MA-2国内环境规划方案的确立（0.0139）	探讨学校自发规划相关政策，分3等级评估
		MA-4绿色采购政策（0.0139）	计算学校绿色采购预算比
		MA-5环境监察制度（0.0139）	探讨学校环境管理监察实施制度，归纳3个评估重点
		MA-6校园绿化与生态化规划	探讨学校相关规则以及植物资料库的建立，分2个等级评估
	MB空气质量管理（0.0556）	MB-1实验室气体排放管制（0.0278）	探讨学校实验室以及工厂废气排放制度，归纳2项评估重点
		MB-2室内空气质量（0.0278）	计算学校符合《建筑设计规范》中通风标准的教室与办公室比例
	MC水资源管理（0.0556）	MC-1 废水处理（0.0556）	探讨学校废（污）水处理制度，归纳3个等级评估
	MD废弃物管理（0.0556）	MD-1垃圾分类实施策略（0.0185）	探讨学校垃圾分类管理与监督制度，归纳3个评估重点
		MD-2厨余和落叶的处理（0.0185）	探讨学校厨余与落叶的处理制度，分5个等级评估
		MD-3一般垃圾与无害废弃物处理实施策略（0.0185）	探讨学校一般垃圾与无害废弃物管理与监督制度，归纳4项评估重点
	ME有害物质管理（0.0556）	ME-1毒性化学物质管理（0.0278）	探讨学校毒性化学物质管理与监督制度，归纳4项评估重点
		ME-2有害事业废弃物处理执行策略（0.0278）	探讨学校有害事业废弃物管理与监督制度，归纳4项评估重点

续表

面向（权重）	主指标（权重）	次指标（权重）	评估标准
环境管理（0.3333）	MF节约能源策略（0.0556）	MF-1S室内环境节能系统（0.0139）	探讨学校相关规划的创立与实施情况，归纳4项评估重点
		MF-2校内行政电子化（0.0139）	探讨学校办公电子化的实行成效，分2个类别探讨电子办公比例以及电子办公制度
		MF-3校园共乘制度（0.0139）	推估全校师生采纳共乘制度的人数比例
		MF-4节约用电（0.0139）	以标准值评估学校每人每日平均用电量
环境教育（0.3333）	EA课程与教学（0.1111）	EA-1环境教育议题融入各学科的课程（0.037）	计算学校开设课程中教材或教学进度表中具有与环境议题相关的课程比例
		EA-2开设与环境相关的通识课程（0.037）	计算学校开设的与环境议题相关的通识课程比例
		EA-3与环境教育相关的藏书（包括电子资源）（0.037）	计算学校图书馆中自然科学类、应用科学类以及社会科学类的藏书比例
	EB活动宣传与推广（0.1111）	EB-1举办环境保护与教育的活动或竞赛（0.0185）	以次数为标准评估学校相关活动与计划的开展成果
		EB-2结合社区资源与民间环保社团协助学校推广绿色生活概念（0.0185）	以次数为标准评估学校相关活动开展成果
		EB-3举办“办公室环保、绿化活动”（0.0185）	探讨“办公室环保、绿化活动”的举办制度，归纳3项评估重点

续表

面向（权重）	主指标（权重）	次指标（权重）	评估标准
环境教育（0.3333）	EB活动宣传与推广（0.1111）	EB-4参与推广环境教育相关活动的志愿者（0.0185）	探讨学校环境志愿者与社团成立情况，归纳3项评估重点
		EB-6环保标准产品推广成效（0.0185）	探讨学校环保标准产品推广的相关计划与方案，分3个等级评估
		EB-7垃圾分类推广成效（0.0185）	探讨学校垃圾分类推广相关计划与方案，分3个等级评估
	EC教学与研究（0.1111）	EC-1专业教师的聘任（0.1111）	计算学校环境领域的教师比例

资料来源：叶欣诚等. 台湾绿色大学评量系统之建构与实验[C]. 海峡两岸环境与可持续发展教育研讨会论文集. 2007.

5. 大学绿色指数排名

印度尼西亚大学在2010年开发的大学绿色指数排名系统（Green Metric University Ranking，GMUR）可能是世界上首个对大学的可持续性进行全球排名的系统，与世界上已有的其他大学排名系统大多关注研究和教育方面不同，这一排名系统主要关注的是大学的环境表现。同时，这一系统从可持续性三个维度的理论出发，建立定性和定量相结合的指标体系，力求全面刻画大学的可持续性，这也使得它与已有的调查、评分、排名和案例有所区别。2010年该排名启动时有35个国家和地区的95所大学参加，2016年则有74个国家和地区的516所大学参加。

GMUR尽管在某些方面与其他评测系统有重合，但并不完全一致。GMUR吸收了GREENSHIP的一部分指标，但没有把居室健康和舒适度纳入，因为对于发展中国家而言，这一指标显得不是如此紧迫。另外，GMUR纳入了教育类的指标而GREENSHIP没有，因为两者的目标并不一致。GMUR和STARS相比有更多一致性，但是也删去了许多指标，如餐饮服务、采购、多样性、人力资源、公众参与等。GMUR和CSRC也有较多一致性，但并未包含食物和循环利用、捐资透明度和股东参与等方面的指标，而且增加了绿色空间、教育等指标。此外,GMUR对于不同指标的权重也和以上系统不一样。例如，对地理位置指标，GREENSHIP只占总分的17%，而GMUR占到32%；对通选课程指标，STARS占到教育方面内容的18%，而GMUR占到44%；对交通指标，CSRC占到总分的10%，而GMUR占到21%。由此可见，在指标选取和权重结构方面，GMUR虽然吸纳了已有多个系统的经验，但为适应以印度尼西亚为基准的发展中国家的情况做了选择和修正。

印度尼西亚大学的绿色指数大学排名的理论基础是可持续发展的相关思想。可持续发展是一个涉及经济、社会、文化、技术及自然环境的综合概念。它是一种立足于环境和自然资源角度提出的关于人类长期发展的战略和模式。这不是一般意义上所指的在时间和空间上的连续，而是特别强调环境承载能力和资源的永续利用对发展过程的重要性和必要性。尽管目前对可持续发展的概念和含义尚有许多争议，但已经被普遍认同的一种观点是，可持续发展包括三个关键维度（要素），即经济、自然（生态）和社会，三者之间相互作用。基于这一认识，GMUR在大学的尺度上建立了与之对应的环境、经济和社会三个维度的概念模型。在环境维度上，采取资源、碳排放和废弃物三个因子；在经济维度上和社会维度上则分别采取研究和教育公平两个因子，构成大学尺度的可持续性模型。

GMUR根据概念模型，选择和大学可持续性相关的重要指标，并且通过查阅大学的基础资料、实地探访、问卷调查、访谈等方式检核和修整这些指标，例如大学的规模、地理位置、绿地面积、电力消耗、交通、用水、废弃物处理、关于可持续发展的相关政策和具体行动等。基于此，GMUR设定了不同方面的指标集。最初包括物理环境和基础设施、能源和气候变化、废弃物、用水和交通共5个方面共23个指标。随着规模扩大，GMUR不断完善，指标数量也逐渐增加。2012年起增加了教育方面的指标来衡量可持续发展教育和研究的内容。目前，GMUR共设6个方面53个指标进行评分。每一部分的指标都被赋予一定的权重，最终汇总成每一个大学的总分，基于此进行排名（见表2-4）。

表2-4　GMUR 目前采用的指标和权重

指标	权重
1. 环境和基础设施（SI）	15%
SI1校园环境；SI2高等教育机构的类型；SI3校区数量；SI4校园总面积；SI5校园建筑占地面积；SI6校园建筑总面积；SI7校园中智能建筑的总面积；SI8停车区间总面积；SI9校园森林覆盖比率；SI10校园植被覆盖比率；SI11校园非硬化地表比率（除去植被和森林覆盖面积）；SI12学生总数；SI13教职工总数；SI14大学在可持续发展方面的年均投入	
2. 能源和气候变化（EC）	21%
EC1节能电器的使用；EC2智能建筑；EC3可再生能源生产；EC4年均用电量；EC5可再生能源在总能源用量中的比率；EC6绿色建筑；EC7温室气体减排政策；EC8年碳排放总量	

续表

指标	权重
3. 废弃物（WS）	18%
WS1减少用纸和塑料的政策；WS2大学废弃物回收计划；WS3有毒废弃物的处理；WS4有机废弃物的处理；WS5非有机废弃物的处理；WS6污水处理	
4. 水资源（WR）	10%
WR1节约用水计划；WR2水资源回收计划；WR3节水设备的使用；WR4中水利用	
5. 交通（TR）	18%
TR1人均机动车占有量；TR2进入校园的机动车日均数量；TR3进入校园的摩托车日均数量；TR4校园巴士数量；TR5校园巴士日均乘客数；TR6校园巴士日均运行数；TR7自行车日均使用量；TR8停车空间类型；TR9为私家车提供的停车空间在三年间的连续减少量；TR10减少校园内私家车数量的政策；TR11校区间班车服务；TR12鼓励自行车和步行的政策；TR13机动车校园内日均行驶里程	
6. 教育（ED）	18%
ED1环境和可持续发展相关课程数；ED2课程总数；ED3相关研究经费；ED4大学总研究经费；ED5相关出版物；ED6相关学术活动；ED7相关学生社团；ED8大学运行的相关网站	

每年7—10月，GMUR向世界上的大学发出参与邀请。接受邀请的大学在线填写所提供的问卷，并转换成分值。初步结果会在11月公布，最终结果在12月公布。

为了保证数据的信度，GMUR在线问卷需要使用口令才能登入。被邀大学在最终提交答卷之前，需要保证其作答的准确性。在最终结果的处理过程中，明显缺乏信度的指标将会被弃之不用。此外，

GMUR 也采取交叉检核的方法，鼓励大学在问卷之外提供其他资料，如景观、类型、地理位置、政策和行动信息等。利用这些资料，GMUR将对数据进行检查，并且对大学进行分类排名。

为了保证数据的效度，GMUR也采取了一些措施。首先是数据的数字化和标准化，以确认不同大学提供的信息可以比较。其次是技术保障，避免人为打分的误差和干扰，例如通过远程通信、GIS工具等方式采集数据。最后是实地探访，通过正式或非正式的访问了解被访大学的实际情况。由于实地探访的成本和可能带来的偏见，更多会使用在线方式对大学进行抽样调查。

GMUR的核心是问卷。自2010年第一版以来，这一问卷便根据每年的反馈进行不断的改进。首先是指标数量的变化。2010年的问卷有5个方面23个指标，2011年为5个方面42个，2012年和2013年为6个方面41个，2014年为6个方面42个，2015年为6个方面53个。指标数量的变化反映了指标体系的细化和调整。

其次是问卷表述的变化。根据参与大学的意见和建议，GMUR问卷中的一些问题的选项得到增补或调整，能够更好、更清楚地反映不同大学的具体情况。例如，在校园周边环境方面，2010版的选项为乡村、郊区、城市、其他，自2011年起，“其他”项修改为城市中心/高楼密集区，从而更清楚地表达大学的校园周边环境情况。2017年排名前15位的大学见表2-5。

表2-5　2017年 GMUR 排名前15位的大学

排名	大学	国家	环境和基础设施	能源和气候变化	废弃物	水资源	交通	教育	总分
1	瓦格宁根大学	荷兰	1128	1606	1800	976	1012	1030	7552
2	诺丁汉大学	英国	1088	1469	1800	925	1162	1020	7464
3	加利福尼亚大学戴维斯分校	美国	1050	1502	1800	972	1362	679	7365
4	布拉德福德大学	英国	839	1511	1800	925	1262	953	7290
5	诺丁汉特伦特大学	英国	997	1587	1800	850	962	1014	7210
6	牛津大学	英国	1006	1273	1725	1000	1412	783	7199
7	康涅狄格大学	美国	1084	1386	1701	895	1212	870	7148
8	班戈大学	英国	1044	1437	1800	650	1062	888	6881
9	考克大学	爱尔兰	777	1410	1701	905	1112	956	6861
10	特里尔应用科技大学	德国	752	1733	1527	761	1012	1021	6806
11	格罗宁根大学	荷兰	774	1181	1725	925	1262	906	6773
12	维也纳农业大学	奥地利	942	1186	1800	730	1062	1025	6745
13	北卡罗来纳大学教堂山分校	美国	1013	1161	1725	875	1162	787	6723
14	北卡罗来纳州立农业技术大学	美国	1089	1039	1500	848	1212	1023	6711
15	都柏林城市大学	爱尔兰	768	1280	1800	873	1012	925	6658

第三章

大学的绿色行动

第一节　他山之石：国外绿色大学理念与创建经验

一、英国诺丁汉大学

英国的诺丁汉大学致力于成为一所世界领先的绿色大学，近年来，提出了到2020年的可持续发展战略，规定了进一步的任务以促进可持续发展，参与到全球的可持续发展战略中。诺丁汉大学承诺以全球化框架思考，为本土服务，提倡个人参与；坚持全面的社会承诺；把学生放在大学的核心位置，等等。可持续发展战略的核心目标是为构建全球化的可持续社区提供支持，对社会的贡献应当超过大学自身所承担的责任，而不仅是减少对环境影响的责任。并且提出了一系列可持续发展目标，涉及能源与水资源、交通运输、教育与研究、公司治理等。在过去十年间，诺丁汉大学在推进环境教育上获得了重大进展，并被当作领域内的全球引导者。在"2020可持续发展战略中"，诺丁汉大学又提出了未来五年的战略目标和工作重点，主要围绕六个关键领域：学生体验；可持续发展教育；可持续性研究；合作和参与；可持续系统的运营；治理和质量保证。

1.学生体验

在第一个领域，诺丁汉大学希望通过营造可持续发展学习的环境来提高学生的参与体验。具体举措包括：培养在校员工与学生的责任意识，培养他们在社区中的活跃度和参与度；促进社区参与到志愿服务中，鼓励更广泛的社区与大学间交流；为学生提供各种机会，以发展他们的生活技能和对可持续性的理解；发展智能校园，整合教学和研究，使学校成为“实验室”，在实践中践行可持续教学；积极推动校园社区合作，比如与学生会等机构构建联系。

2. 可持续发展教育

在第二个领域，诺丁汉大学的目标是让所有的学生和校内工作人员都能参与学习，从而提高他们对符合可持续发展的行为的理解。具体措施包括：鼓励和支持在正式或非正式课程中加入可持续发展的学习；与教职员工合作，将可持续教育纳入课程；继续为员工和学生提供发展技能的机会包括在线教育等一系列教学和学习机会的推动，以实现可持续学习；支持大学更广泛的就业目标，并创造机会使得学生参与到可持续活动中；通过社交媒体、网站、会议和研讨会等积极展示和推广良好的可持续发展成果。

诺丁汉可持续发展教育的一个优秀例子是其在2013年提供的诺丁汉在线课程（Nottingham Open Online Course，NOOC），课程名为《可持续性，社会和你》（Sustainability，Society and You）。这一课程从多个学科角度来阐述可持续性，包括地理学、工程学、商业、艺术，以及人文学科的范畴。课程也从不同的利益相关者来审视可持续性，包括学生、行业雇主、专业人士、高校工作的学术人员等。这一课程的学习人数不断壮大，第一期课程就吸引了来自全校的1000多名学生。考虑到可持续发展议程的全球化背景，以及诺丁汉大学对全球可持续发展的承诺，这一在线课程得到了学校的进一步发展。并利用大型开放在线课程（MOOC）重新推出了这一跨学科课程，课程团队来自多个学科的学者和研究生，由诺丁汉教育学院的莎拉·斯派特（Sarah Speight）教授领导，课程通过视频、阅读、活动和讨论展开，从环境、经济、健康、政治、社会和文化、教育和社区角度探索可持续性，这一课程在2015年接受了17000名学习者，学习者来自世界各地，课程也为学习者提供了讨论交流平台。

3.可持续性研究

第三个领域是可持续性研究，诺丁汉大学决定支持和促进有关可持续发展的相关研究，并确保所有的行动都基于研究展开。具体措施包括：与研究机构合作，了解在运营和机构活动中有哪些可以积极展示学校对可持续发展承诺的合作机会；收集整理并传播校方当前的可持续发展研究活动，在诺丁汉可持续性发展网站、社交媒体和新闻媒体上宣传推广；在校园内支持开展与可持续性相关研究的机会；确保当前研究的进度获取和数据收集，作为年度报告和案例研究的材料；积极与研究界进行接触，并为本科生和研究生提供参与研究的机会。

4. 合作和参与

第四个领域是合作和参与，承诺为工作人员、学生和更广泛的社区提供发展机会，分享他们对诺丁汉大学更加可持续的贡献和建议。具体措施包括：与学生会、学生社团和其他机构合作；制定相关的沟通和参与战略；向校友、校内员工和学生传达当前的可持续发展活动和成就，创造在校员工和学生都能参与的可持续发展活动；在大学内为社区参与可持续发展活动提供机会；维护和进一步发展在校员工、学生、社区的可持续联系网络。

5. 可持续系统的运营

第五个领域是可持续系统的运营，减少校园运转对环境的影响，为当地环境做出贡献。具体举措包括：在碳排放管理上，诺丁汉大学的目标是减少整个区域的能源消耗，增加能源效率，主要渠道有：减碳行动；成本降低；可再生；学生参与；创收；根据废弃物等级制定和实施废物管理办法，目标是尽量减少产生的废弃物，并通过回收再利用等措施来减少垃圾填埋量；在建筑行动上践行可持续，比如在确保新建筑工程和翻新工程上考虑可持续原则，并解决相关的环境问题。在交通系统上，改善校园间的可持续交通选择；在校园中保护和加强生物多样性，提高校园的生态和社会价值；在学校运营的采购环节中，致力于可持续采购行为，采购决策对当地、全国乃至全球都有重要的社会经济和环境影响，诺丁汉大学承诺在采取可持续性做法的文化氛围中做出支持核心活动的决策，在具体目标上包括：制定、传播和通过涵盖校园各方面的可持续采购政策（环境、社会、经济）；采取基于风险的方法来确定重点商品领域，制订可持续改进计划；寻找一切机会减少负面的环境影响；确保外部供应商和承包商也在努力改进自己的可持续性表现；提供可以提高财务可持续性的活动计划，以提高运营效率；向工作人员提供适当的培训和指导，提高他们的环境认识，并在整个机构运营中采用可持续行动。与此同时，诺丁汉大学承诺将学校采购活动对环境的影响减到最小，为社会和经济提供积极贡献；提高大学对中小企业活动的认知；衡量、检测和交流可持续的采购活动和成果等。

6. 治理和质量保证

第六个领域是治理和质量保证，首先确保2020年可持续发展战略的宗旨、目标都能以高标准、透明的方式传达和执行。具体措施包括：继续将诺丁汉大学的可持续发展目标纳入大学更广泛的政策和战略中；通过实施受认可的环境管理体系，努力并持续改善环境绩效；与校内员工、学生、利益相关者和更广泛的社区进行有效沟通，确保他们都了解学校的表现和责任义务；确保所有的新员工和学生通过入门的课程和持续地参与计划，获得有关可持续发展的信息；与人力资源部门合作，将可持续发展目标嵌入员工职责中；通过环境委员会推广诺丁汉大学的可持续发展成就，并提交大学理事会的年度报告；与投资者积极展开合作；采取适当的外部指标来监控持续性发展成效（如世界绿色指数）。

二、英国卡迪夫大学

卡迪夫大学位于威尔士首府卡迪夫（Cardiff），于1883年成立。目前大约有2.5万名学生和5500名员工，每年有7000名学生毕业。在可持续发展研究方面，首先将其明确纳入大学的政策和指导方针，成为大学的“黄金线”；其次运用大学课程可持续全面评估工具（Sustainability Tool for Assessing Universities Curiculla Holistically，STAUNCH）对卡迪夫大学可持续发展课程进行评估。

1.可持续发展研究

卡迪夫大学可持续发展根据ISO14001国际标准进行独立审核和认证，坚守可持续发展承诺，遵循可持续指导原则，持续改进环境管理体系，与大学绿色工会代表和学生代表紧密合作，咨询并制定可持续发展相关政策，不仅为威尔士整个社会、环境、经济的健康发展服务，而且影响扩展到了全球的各个角落。

具体来说，卡迪夫大学可持续研究遵循以下持续性原则：第一，最大限度地减少人为活动对各个层面环境的影响，努力成为实践活动的最佳典范；第二，营造多元化、跨学科、富有创造性的学习和工作氛围，有助于研究人员灵感的激发，思想的碰撞；第三，推动大学成为可持续研究的前沿地带，成为整个区域和国际的标杆；第四，加强师生互动，并鼓励全体研究人员与利益相关者多沟通交流，把握可持续发展原则，一同探索可持续性问题的解决方案；第五，提高创新性研究成果的使用率，以提高大学的可持续性；第六，坚持产学结合，将可持续发展教育和全球公民教育融入学生的实践当中，提高学生可持续发展研究的实践能力。

就研究而言，卡迪夫大学正在探求可持续发展研究新的理论基础，推动传统可持续发展研究界限的拓展，为此，该研究与卡迪夫大学的三所学院合作，汇集100余位研究人员，以期合力找寻解决资源短缺、气候变化等生态问题的解决方案。除了校内的合作研究，由于鼓励研究方法的创新，研究团队还积极深入当地社区团体、公共权力机构、学术团体寻找有意致力于可持续发展研究的合作伙伴，这样可以广泛了解利益相关者的需求，使研究成果服务大众。目前，卡迪夫大学的工作聚焦于可持续农村和城市社区建设、互动系统、生命健康、食品安全、土地安全等跨学科主题。在实施可持续发展方案时，坚持因地制宜的原则，尊重不同地区生态系统、社会、经济条件的差异性和复杂性。比如，由当地领导牵头成立以研究当地可持续性为基础的研究小组，卡迪夫大学的研究团队作为一个跨学科的研究机构介入当地研究小组，共同研究能源、食品、水资源、废弃物等资源问题，并结合地方社区、企业和管理部门的利益，汇集广泛的专业知识，致力于创新研究，推出可持续转型的解决方案。比如卡迪夫大学的电动汽车中心（EVCE）就是一个杰出的多学科中心，汇集来自卡迪夫大学的专家，调查并帮助解决电动汽车普遍问题，在电动汽车（EV）学术研究团队中独树一帜。

由于研究方法新颖、贴近社会现实，卡迪夫大学的可持续发展研究具有强有力的生命力和影响力，获得了欧盟等其他国家、国际机构的资助支持，同时，还不断有专业研究人员提供相关的健全、高质量的研究，这些都为卡迪夫大学可持续发展提供了资金和技术支持。其研究成果意义非凡，对于政策制定，可持续方案实践有着极大的影响，一直致力于为气候变化和资源短缺寻求积极应对的办法。

在可持续发展学习方面，卡迪夫大学为硕士生、博士生以及访问学者提供了丰富的学习资源。针对硕士生和博士生开设生态城市、应用环境地质、欧洲空间规划与环境政策、可持续能源与环境、建筑环境设计、地质环境工程、可持续设计的理论与实践、水利环境工程可持续性、环境规划和环境政策等专业。除了上面列出的内容之外，还向研究生提供了丰富的机会了解其他研究领域交叉学科的知识，以便拓宽实验的范围，多角度分析可持续发展问题，例如公共政策或运输和规划；针对访问学者、来访学者可以在研究所学习一年时间，通常与一个或多个研究人员合作出版期刊论文或者发表一本著作。来访英国期间，有机会获得优质的学习机会，并与世界级学术人员合作。

2.可持续发展研究成果

卡迪夫大学在可持续发展研究方面努力提高水和能源使用率，提高资源回收利用率，倡导绿色采购，建设绿色校园，维护生物多样性。每一项研究成果都对可持续发展有着至关重要的作用，其中绿色采购近些年受到了大力的推崇。首先，什么是绿色采购？绿色采购是指政府通过庞大的采购力量，优先购买对环境负面影响较小的环境标志产品，促进企业环境行为的改善，从而对社会的绿色消费起到推动和示范作用。政府管理环境主要就是通过公共财政来实现的。很多国家的财政体制正在向公共财政转变，要建设一个环境友好型社会，实现节能降耗的目标，离开公共财政的支持注定是要落空的。而政府作为耗能大户，尤要在这方面发挥表率作用，全面推行使用节能产品。卡迪夫大学在绿色采购方面要求任何向大学供应产品和服务的企业，必须保证产品的环境友好性且不损害社会、经济发展，在绿色购买这方面做出表率，有利于让企业和社会各界认识到绿色购买的必要性和重要性，增强社会各界的可持续意识。

3.可持续发展评估

在许多高等教育机构中，可持续性在研究、建设和运营层面建树颇多，但还有很多机构正处于开发可持续发展研究并将其纳入课程的阶段。为了了解可持续发展课程在课程中的运用和推广情况，评估工作采用大学课程可持续全面评估工具（STAUNCH），并用创新理论与系统思维的扩散相结合的方法对分析结果进行分析，为衡量可持续发展对教学的贡献提供了评估方法和评估标准。

可持续发展的应用和拓展分析表明，尽管一些学校在特定层面上可能是“创新者”，但是在考虑可持续发展的总体贡献时（经济、环境、社会和跨学科之间的相互联系和协同作用），它们并不一定属于“创新者”。这表明，为了更好地将可持续发展纳入课程，需要从分化、过度专业化和还原主义向更均衡、协同、跨学科和整体的观点转变。通过比较不同学校、不同部门、不同学院的可持续研究程度，还可以促进相互间的交流讨论。另外，测评结果向参评国家提供不同课程、不同学校中存在的可持续发展问题，帮助学校改进可持续发展研究，鼓励高等教育机构更好地为该领域研究做出贡献。2007年，大学课程可持续全面评估工具第一版成功试用于威尔士的所有大学、英格兰的两所大学以及墨西哥的一所大学，卡迪夫大学的19个学院（一共有28个学院）参与了该测评。

三、美国哈佛大学

在当下，大学在应对气候变化以及环境管理方面有着特殊的作用与责任，哈佛致力于通过学术研究将研究成果转化成校园行动来应对这些挑战。在哈佛，12个以上的学院和部门、教师、学生和教职工们在努力创造可复制的模式，这些可复制的模型也与企业、政府和高等教育部门的同行共享，从而将变化扩展到校园之外，让大型机构和组织能够围绕实施创新、经济的解决方案，来构建更健康、更可持续的校园和社区。

全球科学界的共识已经清楚地证明了气候变化和环境可持续性的挑战对人类的未来将构成严重的威胁，哈佛已认识到应对这些挑战的责任，履行这些义务必须作为人类的共同目标和我们共同的承诺，哈佛大学的可持续发展战略是在大学的建设和运营过程中走绿色的可持续发展路线。这一计划认识到，创建一个可持续发展的校园将加强整个大学的核心研究和教学任务，并承认我们面临的挑战是复杂和相互关联的，要求不断发展的可持续性方法。该计划让哈佛大学分散的校园围绕统一的、整体性的愿景开展工作，并确定明确的目标和重点，制订创新性的解决方案。

哈佛大学表示，我们必须不断提出新的想法，提出新的创新方案，并且积极进行跨学科的合作，我们正在制订可以应对全球挑战的解决方案，从创造革新太阳能生产的新材料，到探索气候变化对人类的影响，为决策者提供分析，教师和学生正在做出重要贡献，并帮助达到更可持续的未来。哈佛还必须致力于建立一个体制化途径，建立一个更可持续的校园。我们的目标是减少温室气体排放，我们的学生、教职员们还利用自己的创造力建设了一个更加健康的学习、工作和生活的校园。哈佛对可持续发展的承诺已经将我们学校的每个人团结在一起，让我们围绕共同的目标并对更加活跃的社区产生强烈愿景。“哈佛可持续发展计划”是与广泛的大学利益相关者协商制订的，旨在加强我们的进步，它重新审视大学在世界上的角色，并承认我们共同的责任，建立和运营一个有助于增进我们每个社会成员的福祉的校园，并最终促进地球的健康。它认识到创建一个可持续发展的校园将加强我们的核心研究和教学任务，并承认我们面前的挑战是复杂和相互联系的，要求不断发展可持续发展方法。“哈佛可持续发展计划”是一个关键而必要的步骤，旨在建设一个更加可持续发展的未来，我们的研究和教学将为我们的校园问题提供解决方案。思想、创新和新发现被认为是应对全球挑战不可或缺的因素，与能源和环境有关的行动也将得到补充，以改善人类健康和福祉。今天的大学生应该对可持续发展挑战的复杂性有更深的理解，并且准备好解决他们的问题，不管他们生活在哪里。

哈佛大学的可持续发展计划围绕碳排放与能源、校园运作、自然与生态系统、健康与个人福祉、文化与学习等核心课题进行组织。每个主题都具有以下要素：目标，大学范围内的资源减排目标，在特定的时间范围内具有特定的目标；标准，操作标准促进整个大学的一致性，确保实施一致的方法，标准旨在让学校和行政部门能够灵活地实施各类计划；承诺，在没有足够的信息来设定具体的数字目标或标准的领域时，对未来研究的承诺或建议声明。

1.碳排放与能源

哈佛大学将通过最快的、可行的速度来减少校园温室气体的排放，减少能源和排放仍然是大学的首要任务之一。哈佛继续通过在能源效率、能源管理和可再生能源方面的一流创新来应对这一挑战。并且承诺按照联合国政府间气候变化专门委员会关于到2050年将排放量减少80%的建议，尽可能减少温室气体排放量。同时，大学制定了一个以社区为导向的综合实施战略，重点关注能源高效建筑和清洁能源供应，到2014年，排放量减少了21%。能源方面，哈佛承诺在建筑物中确定并实施积极的节能措施，作为本年度资本规划流程的一部分，温室气体减排目标审查工作组评估建筑物和空间类型的能源使用情况，以说明目标设定。与此同时，开展全校范围的可再生能源研究，并制定可再生能源采购目标。

2.校园运作

哈佛的目标是通过发展和进行可持续举措来保护资源、减少污染、提高校内人员福祉，从而对周围环境和学生、教职人员与社区产生积极影响。并设定了到2020年，人均废物减少50%的目标，终极目标是成为一个零废物的校园，同时水资源消耗量到2020年减少50%。在绿色建筑标准方面，哈佛大学为新的资本项目、翻新和建筑系统升级制定了全面的绿色建筑标准，这些标准经过严格设计，包括生命周期、成本核算、综合设计、使用时的能源建模，以及确保所有可持续设计和运营方式能通过审核，同时保证所有的绩效是以最具成本效益的方式实现的，以帮助设施团队实现与可持续发展相关的目标、标准和承诺。哈佛还承诺以负责任和道德的方式回收或处理危险材料和电子材料，尽量优先减少危险材料的使用。交通方面，保持和持续改善哈佛大学的可持续交通系统、计划和激励机制，提供可持续交通措施，鼓励徒步、骑自行车与拼车，提高哈佛大学校园及周边街道的自行车和安全性，力争在2020年之前从美国自行车联盟获得金牌级的自行车大学学位。哈佛大学警察部门也通过绿色循环基金将其全部巡逻车改装为混合动力车辆。要求所有主要供应商报告符合哈佛标准和特定第三方环境认证的进展情况，并在2016年之前通过企业责任报告展示其对可持续发展的承诺，并且要求所有供应商在适当的时候，在2020年之前遵守适用的哈佛可持续发展目标和标准，并鼓励供应商将其实践与所有可持续性承诺相一致。

3.自然与生态系统

哈佛承诺到2020年，维护至少75%的大学园景区，进行有机绿化项目，同时实现大学范围内的哈佛大学可持续景观绿化标准。在校园设计上，继续将可持续发展目标纳入设施、地区和校园规划。设计景观并选择可能对未来环境变化有利的植物物种，确保适当的生物多样性水平和绿色开放空间，并且继续优先考虑包括哈佛森林和阿诺德植物园在内的哈佛绿地的保护、研究和教育。

4.健康与个人福祉

承诺减少哈佛社区对有毒化学品的暴露，特别是关注自然环境、建筑环境，关注室内空气质量、家具和清洁产品。根据最新研究和LEED v.4标准，通过哈佛绿色建筑标准，识别和跟踪校园内使用的目标建筑材料中的高风险化学品。到2020年，通过“健康的哈佛”倡议，增加学生对健康计划的参与和信息获取。继续制定和实施无烟校园政策。制定可持续和健康的食品标准，包括绿色餐饮协会认证，到2020年达到全校范围。

5.文化与学习

哈佛认为利用跨学科协作和综合知识的力量，可以为我们最紧迫的问题提供更强大有效的解决方案。哈佛将把校园作为开发下一代可持续发展解决方案的实验室，加强和培养学校和部门的“一个哈佛”文化，将环境可持续性作为我们学术工作、机构实践和日常生活的一部分。教学和研究领域，承诺将研究和教学转化为哈佛大学校园的实践，促进合作试点并推出可持续发展挑战的创新解决方案，培养新一代的环保领导者，为本科生和研究生提供指导，建立网络和专业发展的机会，为未来几年和几十年的环境保护提供见解和评估。同时通过促进与哈佛大学环境中心，全球卫生与环境中心以及校园其他环境举措的合作，支持创建与可持续发展相关的新课程。同时加强外部联系、全面规划和跨学科合作，完善强有力的治理结构，确保大学各级将可持续性纳入商业实践。在高等教育及其他领域培养和引导外部合作伙伴关系，有助于哈佛大学的工作和扩大在当地和全球的影响力，在2016年前制定校友参与战略，以加强校友参与哈佛可持续发展的工作。承诺到2020年，将哈佛绿色城市计划的参与率提高至少30%，保持并不断改善促进学生、教职员工、校友和校友可持续发展行动的计划和资源，每年奖励可持续发展成就，包括哈佛英雄仪式和哈佛绿地奖。

哈佛大学在几个重要领域都为全球环境和人类福祉做出了积极贡献。通过研究、教育和宣传，哈佛大学在科学、经济、公共政策、设计、医学和公共卫生等领域都取得了重大进展，大学的学术贡献提供了巨大的责任与机会。在审视校园经济、人类健康和环境表现三个方面，哈佛大学也影响到学生们的未来行动，从他们的校园经验和大学领导的活动中得到反馈。

四、美国波士顿大学

波士顿大学在过去的20年中一直致力于通过课程和研究解决可持续发展问题，并在2008—2009学年启动了一个更加正式的解决校园可持续性问题的方案，成立了可持续发展委员会，建立了一个100万美元的循环贷款基金，并雇用了首位可持续发展总监和通信专家来支持可持续发展项目。

1.可持续发展项目

波士顿大学的可持续发展项目有可持续性@BU网站、餐饮服务可持续性组织和由四个工作组组成的可持续性指导委员会，这四个工作组分别是回收和废物管理、节能减排、可持续建筑和设施运营、通信和外联。该项目旨在减少大学的环境污染，并在现有的教育、研究和管理项目中融入可持续理念。它的使命是引导大学向更可持续的方向发展，将可持续发展融入波士顿大学的文化和结构中，这样将减少大学对自然资源的使用、运营成本，并改善环境和社会影响。众多学院参与了这个项目，比如公共政策、科学、商业、法律、人文科学以及一些国家卓越的环境项目，为带领下一代人走向一个更可持续的未来做出努力。波士顿大学的可持续发展战略计划已被纳入大学战略计划的许多领域，波士顿大学走向未来的出发点是通过大学2005—2007年战略规划流程所实现的十项“承诺”，这些承诺直接超越了传统和价值，反映了优势和劣势并指明了未来的机会，这十项承诺中有三项涉及可持续性。以下是一些摘录：“第六条，致力于加强和扩大学校与波士顿和全球的联系。正如我们致力于赋予我们的学生成为全球负责任的公民所应具有的知识背景和经验一样，学校将继续作为环境的管理者在制度上负责任，使用节约能源和减少温室气体排放的基础设施改造方案。”“第八条，致力于使我们的政策、流程、服务、运营和校园发展与我们的价值观保持一致。波士顿大学是一个非常复杂的组织，但复杂性不能丢失掉价值观，我们首先是一个服务型组织并且必须采取相应的行动。我们要在全校传递透明、以学生为中心的价值观，必须控制成本来确保我们服务的范围和质量。即使我们的校园向上向外扩张，我们也将持续减少对环境的破坏，打算把重点放在节能和减少温室气体排放上。”

2.可持续网站

其基本目标是通过升级校园基础设施来减少学校的环境污染，并发动学生和教职员工参与和支持这些工作，其办公室设在设施管理与规划部门，这个网站是提供可持续发展的跨校园信息的门户网站，比如提供个人和团体正在做什么、提供什么课程、正在进行的研究及校园内可用的资源等信息。这个网站主要关注7个关键领域：节能、气候行动规划、绿色建筑设计、回收和减少废弃物、通信和外联、食品和运输。

3.可持续性指导委员会

负责就环境和可持续性相关事宜向学校领导层提供建议，委员会的使命有三个中心目标：（1）通过教育、研究、活动、发展和运营推动学校的可持续实践，使可持续发展成为波士顿大学结构的一部分；（2）让学校开展有关可持续性的持续对话并加强学校社区各个层面的沟通，培育一种可持续的长期规划和前瞻性思维责任的文化；（3）定义工作组要研究的领域，工作组成员将由指导委员会联合主席与学校教务长、医学院校长和执行副总裁进行监督，就制订“战略计划”提供咨询意见。可持续指导委员会将代表学校的各方利益相关者群体提供多样化的意见，委员会由以下几方面的代表组成：学院、学校运行机构、法律顾问总办公室、校园采购、教务长办公室、辅助服务、资本计划、环境健康与安全办公室、学生院长、可持续发展总监、可持续发展督导委员会，成员每季度开一次会，每个工作组的主席都将在可持续指导委员会任职。

四个工作组主要关注与校园可持续性相关的具体专业领域，它们会通过可持续指导委员会和运营副总监以及工作组联席主席向政府提出意见和建议。每个工作组都包括来自管理部门的成员，这些成员负有相关领域的运营和管理责任，例如，可持续建筑和设施运营工作组由建筑学院副院长担任共同主席，并包括设施管理和规划部门的高级管理人员。共同主席负责召开会议、制定会议议程，并在必要时向指导委员会共同主席推荐新成员。工作组将与指导委员会共同主席和可持续发展总监合作制定和推荐与其重点领域相关的战略、政策和程序。提出与其重点领域相关的可持续性审计和行动计划的标准；推荐试点项目。在工作组成员内组成小型焦点小组以便更有效地推进具体问题。向学校管理部门推荐项目。如果工作组认为适当，可以分两个阶段提出建议：（1）带有概念和目标的初步建议；（2）包括目的、目标、成本、投资回收期、进度和门槛在内的最终建议。在可持续指导委员会召开年度会议前向委员会主任提供议程。

五、瑞典隆德大学

1.可持续发展中心

隆德大学的可持续发展中心是一个集研究、教育和可持续发展合作于一身的研究中心。可持续发展研究是一个复杂的研究领域，在隆德大学的可持续发展中心，研究人员采取跨学科的方法，将批判性观点与问题解决法结合，致力于研究气候土地利用变化趋势，水、能源、林业资源政策方向，环境恢复力以及环境适应性等，着眼于可持续发展面临的挑战，例如，水资源争夺、食品安全、土地利用变化、城市转型。研究中心不仅在国际上积极参与地球系统治理项目，而且多次与隆德大学可持续发展社会自然一体化卓越中心合作，通过与社会各界密切合作，以及跨学科研究方法的结合寻求对可持续发展做出最好的解释并且找寻最佳的研究途径。总的来说，隆德大学的可持续发展中心其独特性展现在：第一，自然科学与社会科学的融合，用常见的研究方法和常见的评估方式更好地诠释了环境与发展之间的关系；第二，与来自瑞典和其他国家的不同学科的学者合作；第三，吸引小农户、各级决策者和非政府组织等利益相关者的积极参与。

研究方面。隆德大学可持续发展研究中心独特的国际性和跨学科设置为可持续发展研究提供了充满活力的学习环境，另外，研究中心还为可持续发展设立论坛以吸引全球优秀人才共同探讨环境问题。针对硕士生，设立了隆德大学环境研究及可持续发展科学国际研究生课程（LUMES：Lund University International Master’s programme in Environmental Studies and Sustainability Science），以学生以往掌握的知识、技能、经验为基础，旨在培养在可持续发展领域具有跨学科和跨文化研究能力的毕业生，不管是地方层面还是全球层面，他们都能够有能力进行创造性变革。硕士生两年即可拿到该学科的硕士学位。从1997年开始，来自100多个不同国家的700多名学生已经毕业，该国际研究生课程也逐步从环境研究的先驱研究生课程发展成可持续发展科学方面的国际知名课程。针对博士，设立隆德大学可持续发展社会—自然卓越中心LUCID（Lund University Centre of Excellence for Integration of Social and Natural Dimensions of Sustainability）。自2008年启动以来，已有21名博士生毕业，其中13名为可持续发展科学专业毕业生。现阶段，研究中心选派八名专业人员参加卓越中心研究课程学习，聚焦气候变化、生物多样性锐减、水资源短缺和土地利用变化等可持续性发展面临的挑战。

影响方面。政策、能力建设、教育与意识是可持续发展研究中心扩大影响力的三大支柱。努力推进有关可持续发展的社会对话，对话内容涵盖从地方到全球一系列不同的活动和事件，关注世界各地可持续发展所面临的挑战，其中许多活动侧重于提高教育和意识水平，可持续发展研究中心认为这对于可持续的未来至关重要。第一，在政策影响方面，举行公开性讲座、召开与各级政策制定者进行的政治会议、撰写新闻文章和政策简报以提高可持续性问题的政策关注度。通过这些活动，不仅将研究成果传达给社会各界，而且还能够以最大的努力影响政策和决策过程。除此之外，研究中心多次参与全球气候治理大会，例如第21届和第22届联合国气候变化大会（COP 21/22），政府间气候变化专门委员会（IPCC），并主持地球系统治理项目（ESG）旨在协助政府应对地球系统转型的紧迫问题。第二，在能力建设方面，可持续性发展的核心价值在于将非学术性人员纳入研究过程，研究中心不仅向社会传达我们的研究成果，还与各利益相关方进行密切合作。邀请利益相关者参与研究过程，比如乌干达土壤管理，可持续性发展创新项目宣传，另外，在坦桑尼亚和莫桑比克合作开发硕士及博士课程。第三，在教育与意识方面，非常重视年轻群体。研究中心与瑞典南部主要城市饮用水公司Sydvatten围绕可持续问题，特别是水资源问题开展活动，并且为高中生组织了一系列的年度课程和活动，比如“Think H2O!”项目。

媒体方面。研究中心不仅关注科学出版物对研究成果的宣传力度，而且也使用社交媒体、视频和其他途径来宣传研究成果。

2.中东环境与可持续发展研究中心

1666年，在隆德大学成立之初就一直存在着对中东的研究。由于开发土地资源和水资源，中东当今的环境问题日益突出。2007年成立中东环境与可持续发展研究中心（以下简称中东研究中心），旨在支持和协调隆德大学在该地区的研究。近几十年来，越来越多的大学开始在该地区开展研究和教学课程。作为斯堪的纳维亚国际中东跨学科研究枢纽，中东研究中心举办讲座和研讨会，讨论涉及土地和水资源可持续利用的话题，以加强环境保护力度，为当地经济发展和减贫扶贫建言献策。除此之外，讲座还与研讨会、项目工作联系在一起，让学生通过自身深入调研，探索导致中东剥削和潜在冲突的政治、社会和文化因素。

中东研究中心以多样的方式研究中东地区的环境与可持续问题，研究评估广受好评，研究水平一直处于中东研究的前沿。自2009年获得中东战略基金资助之后，研究项目、合作伙伴数量迅速增长，研究的主要内容聚焦于与中东国家有关的各种社会、文化、环境、可持续问题，同时关注中东地区在人口流动、财政、意识形态以及文化方面是如何影响世界其他地区的。在研究中东国家时，必须认识到其社会、文化以及整个地区的复杂性，另外中东地区的跨国联系也要得到特别关注。基于此，中东研究中心一直以多元化、跨学科的观点和方法，结合社会科学、人文科学和自然科学进行跨学科的研究项目，以公正的、创新的研究态度探究中东地理环境以及在这片土地上孕育出来的社会、政治、文化。

3.可持续城市设计

对于高速发展的城市来说，如何健康稳定、富有朝气、可持续地发展是当前城市发展面临的一个特殊挑战。隆德大学位于充满活力的哥本哈根—马尔默地区，是维持经济发展与环境保护平衡的全球领导者，学校开设可持续城市设计硕士课程，以城市形式、城市质量和可持续发展的最佳实践和前沿研究为基础，以期培养出具有创造力、洞察力的专业人才，应对当今世界对可持续城市的挑战。整个硕士阶段为两年，向学生教授广泛的专业知识，涵盖与城市可持续设计相关的重要理论。在学习基本理论的同时，同学们有机会深入实践项目，真正做到学以致用，掌握解决问题的有效方法。除此之外，定期召开国际合作研讨会，吸引来自世界各地优秀的建筑师、景观设计和城市设计专业人士与学生齐聚一堂，讨论并提出可持续城市设计建议，为研究可持续发展和城市设计提供了丰富的资源。

六、瑞典皇家理工学院

1987年，布伦特兰委员会（Brundland Commission）于联合国大会上发表《我们共同的未来》（*Our Common Future*），即布伦特兰报告，正式定义“可持续发展”：“可持续发展是一发展模式，既能满足我们现今的需求，同时又不损害后代子孙满足他们的需求。”以解决日益引起关注的“人类环境和自然资源加速恶化而造成经济和社会发展的后果”。当该委员会设立时，联合国大会确认，环境问题是全球性的和坚定的，建立可持续发展政策是所有国家的共同利益。在实践过程中，可持续发展一般被研究人员认为是具有抽象性的，很难真正与自己的工作联系起来。

瑞典皇家理工学院作为欧洲最领先的技术大学之一，同时也是环境和可持续研究的引领者之一，该学院的可持续发展研究给研究人员提出了很高的要求，需要研究人员秉持积极包容的态度，以便有能力对可持续发展概念进行阐释，并将其应用到研究之中，从而为可持续发展做出贡献，这种去抽象化的研究方法在可持续发展研究领域有举足轻重的地位。为了更好地发展，在2012年进行了研究评估测试（Research Assessment Exercise，RAE），该评估认为可持续发展应该贯穿于整个教育计划和研究过程中，通过回顾皇家理工学院以往的研究内容，分析其在可持续发展研究方面的优势和劣势，为评估测试提供丰富的背景资料，以便明确皇家理工学院的可持续研究地位以及未来发展方向。为此，评估中心选派Roland Clift、Jacqueline Cramer和Steve Evans三名评审，就2012年的研究评估测试进行信息整合，并于2013年4月对25个选定单位进行了一轮访谈。评估人员向管理层和皇家理工学院可持续发展的未来战略提出了若干建议。

1. 创建灯塔项目

多学科的“灯塔项目”作为研究的主要整合机制，支持制订可持续发展方案，为可持续发展未来面临的挑战做准备，为向“瑞典低碳经济”转型做充分的设想。在创建灯塔项目时应将研究人员聚集在一起，通过合作研究的方式，促进多学科知识交融，让每一位研究人员了解到新的知识，有利于开阔视野，发现新的解决方案，激发研究潜力，同时，还应该鼓励新兴的研究团队提出理想可行的技术方案和一系列可实现未来愿景的项目。以挑战为导向、以多学科趋势为切入视角的研究让瑞典皇家理工学院在可持续研究全球范围内扮演着重要的角色。

2.鼓励新的和现有的工作人员参与以挑战为主导的多学科研究

现阶段，以应对未来挑战为导向的多学科灯塔项目十分匮乏，研究人员在这一工作层面上缺乏工作动力。为了解决这一问题，应该调整激励机制，鼓励研究人员多多参与这一创造性研究，例如耐心劝导，有技巧的谈判，或者给予研究人员一些小额资金等，通过提高研究人员的积极性鼓励更多的研究人员参与研究活动。

3.开设可持续发展必修课程，介绍可持续发展以及系统思考概念

对于那些想要投身于可持续发展研究的学生包括选择攻读可持续发展博士学位的学生来说，了解可持续性以及可持续发展的知识至关重要。课程内容应真实反映皇家理工学院对可持续发展议程的制度解释，通过学习此课程，学生可以对可持续发展议程有更深层次的阐述。在学习的过程中，此课程为参加学习的学生提供了一个机制，帮助他们之间建立起了良好的合作关系，这对他们今后合作研究可持续发展问题奠定了基础。此外，系统思考的教学也是必要的。系统思考作为一种思维方法，可以帮助学生拓展思维，摆脱狭隘的直线思维。

4.创建博士会议厅制度

首先，博士生希望相互间有更多的互动和交流，创建博士会议厅可以为这些学生提供一个交流的场所，不仅有利于博士生之间加强联系，而且借这个平台，他们可以畅所欲言，分享各自的新见解，拓宽视野；其次，来自不同研究领域的博士生彼此交流，能产生跨学科的思考和研究。

5.增强教师队伍和博士研究人员的稳定性，鼓励多学科间合作

首先，可持续发展研究对教师队伍的稳定性提出较高的要求，这样一来，教师研究人员在开发研究想法时可以考虑较长时间，有利于提高可持续发展整体研究水平；其次，研究人员在完成博士学位之前中断资助会给他们带来压力，应为他们提供三个月的“桥接资金”；最后，建议在创造性、合作性的氛围下，由具有不同学科背景的研究人员共同编撰研究计划，这样做有利于激发研究人员的潜力，提高跨学科研究议题的数量和质量，并促进研究人员跨学科研究能力的进一步发展，另外，这也是系统思考教育努力的方向。

七、澳大利亚南昆士兰大学

2016年，南昆士兰大学环保举措的核心是节能和减排。节能减排这项议程于2015年12月7日获批之后，于2016年初开始实施全校可持续方案。据悉，昆士兰州财政部于2016年4月批准了583.5万美元的资金用以支持该项目顺利开展。项目在2016—2018年三年间分成三

个阶段：第一阶段于2016年11月初开始，在南昆士兰大学图文巴校区（Toowoomba Campus）建设1 MW规模的太阳能停车场；第二阶段于2017年开始，在南昆士兰大学伊普斯威奇校区（Ipswich Campus）和斯普林菲尔德校区（Springfield Campus）安装屋顶太阳能光板；第三阶段于2018年开始，在图文巴校区（Toowoomba Campus）完成屋顶太阳能光板的安装。整个项目投资额为610万美元，为南昆士兰大学各大校区配备节能减排的基础设施，体现出资源和资金的有效利用，满足学校高峰日间电网电力消耗，使大学的碳排放总量减少了20%。该可持续方案从长期看不仅显著降低了大学的能源消耗成本，而且为研究、学习和教学提供了一个创新平台，为我们的学生、员工和社区创造了更多的学习机会。

1. 节能照明计划

在大学节能行动计划指导下，2016年继续实施更换节能照明计划。该计划主要在图文巴校区实施，安装节能照明之后，能耗显著降低，降低了该校区的能源使用率和维护成本，当总体节能量达到每年195228千瓦时，相当于减少了151.6吨大学碳排放量。随着大学所占面积的扩大，校园的用电量也随之波动。2016年，斯普林菲尔德和伊普斯维奇校区能源和碳排放量有所提高，购电产生的排放（范畴2排放）在2016年一直保持较高水平，比上年上涨约3%，为此，学校采取了有效可持续措施提高资源利用率。随着对校园废物处理和资源回收计划的持续关注，废物资源排放量全年减少了15%，并且南昆士兰大学所有校区的资源回收再利用率都有所提高。2015—2016年度，斯普林菲尔德和伊普斯维奇校区成功整合了分离的废物流，使得垃圾填埋率大大降低。

2. 减少碳排放的相关措施

南昆士兰大学一直认为作为大学高等教育学府必须要在培养专业人才、高学识领导者、高水平政策制定者方面发挥主导作用。可持续性问题作为未来世界的一大挑战，既是目的又是过程，大学有义务担起责任，充分参加气候变化和可持续发展研究，致力于探索保护环境的解决方案，减少人类活动对环境的不利影响，为了实现其目标，南昆士兰大学已经实施了各种措施来减少碳排放，比如：环保办公室、水资源节约、绿色出行倡议、能源管理、资源回收再利用、绿色购买。

环保办公室是促进南昆士兰大学再减碳、节约水资源和环境管理项目的中心。该办事处位于南昆士兰大学图文巴校区，鼓励教职工和学生积极了解可持续发展，并参与到可持续发展的研究和实践当中。

水资源节约也成为南昆士兰大学可持续发展举措重要的一部分，通过实施以下举措，大幅度降低了用水量：第一，用双冲洗系统更换所有单冲水马桶，每年可节约大约250万升的水；第二，空调水回收用于灌溉；第三，安装16兆升的储水器，储存雨水用于灌溉。

绿色出行倡议方面，随着技术的发展和车辆选择面的扩大，南昆士兰大学将继续审查用车的环保性，选择更绿色的出行替代品。

能源管理方面，校园碳排放超过90%，南昆士兰大学在管理能源使用方面还有很多工作要做。通过对能源使用进行全面的审计，可以规划和监测节能措施实施。比如，安装网络电源管理和辅助计量软件，以监测图文巴校区电力、燃气和水的使用情况。

资源回收再利用方面，引入多种垃圾回收流，以回收可利用的资源，减少垃圾填埋场中浪费的资源。校园内的回收计划在图文巴校区周围六个公共回收站推出，计划更多地在斯普林菲尔德校区进行。

绿色购买方面，在南昆士兰大学采购政策和程序中，其中有关于环境最佳实践和生态可持续性收购的声明。大学会定期监测并审查采购的能源和材料，优先考虑购买对环境影响最小的物品。

八、法国波尔多高等商学院

波尔多高等商学院（KEDGE Business School）由法国两所知名的商学院——波尔多高等商学院和马赛商学院于2013年7月合并而成，合并后成为法国规模最大、管理学研究排名前二的商学院。可持续发展素养测试（Sustainability Literacy Test）是该校首先开发并赞助用于评估和验证高等院校学生毕业后的可持续性素养的工具，它适用于全世界任何类别的高等教育阶段的学生，它测试的内容包括学生对经济、社会和环境责任等方面最基本的认知。

“可持续发展素养”是指个人在多大程度上能够致力于构建可持续发展的未来，能够帮助他们为此做出明智而有效的决策的知识、技能和思维方式，它与联合国可持续发展目标4.7条一脉相承。开发可持续发展素养测试的目的是提升未来这一领域决策者们的相关知识、技能和思维，帮助解决当今世界正在面临的社会、经济和环境挑战。同时，这个测试也为全世界的民众和组织提供了评估可持续性挑战的指标，这些指标让研究人员、教育者和相关人员有能力开发与可持续发展教育有关的教学方法。截至2017年6月，已经有来自57个国家的612所高校和组织注册使用该测试，61667个人参加了测试，这表明可持续发展素养测试已经成为引导组织和个人走可持续发展之路的有力工具，同时它也具备监测可持续发展进程的数据库。

该测试易于使用，使用范围广泛，被用于世界各地，它是一份在线填写的多选问卷，组织填写的人为候选人自由安排模块。该测试的核心模块随机从问题库中挑选30个问题，这些问题适用于所有国家，覆盖了全球性议题，允许组织和个人在全球范围内比较分数。核心模块通常还包括一个专业模块，由20道与地方相关的问题组成，这些问题与国家、地区和文化特征（环境、法律和实践）有关。此外，一些组织也选用自定义模块来满足组织自身的需求和文化。最后，问卷会收集填写人的社会人口学特征以及测试他对可持续性议题的敏感度和兴趣。如果填写人是学生，该问卷会附加一些可持续发展教育的问题。为了达到测量和提升可持续性素养的目标，该测试遵循的标准包括：问题必须能够评估一个人目前的可持续发展知识；参加测试的经验应该能够帮助测试者“理解更广阔的视野”以及被具体的事例或事实所启发，避免只单纯地记忆或重复事实，不寻找事实间的联系；问题数量不能过多（30个到50个为宜），主题应涉及不同的视角和话题，不能只关注博人眼球的新闻。

核心模块和专业模块中的问题基于这样一个特定的列表，即所有的主题都遵循一个统一的框架，能够覆盖四个维度（见表3-1）。

表3-1　波尔多高等商学院可持续发展素养模块

	知识	
地球可持续性人文和生态系统	1	生态系统：半球、全球和区域生态系统、相互依存且多样化的生态社区、封闭系统（物质）/开放系统（能量）等
	2	人文：个人需求、多样性、社会结构、文化、区域和全球世界等
	3	可持续性：可持续和可持续发展的定义
	4	生态视角：我们处在什么位置，为什么可持续性既是当务之急又是挑战
	5	社会视角：我们处在什么位置（人口、平等<不平等>、性别平等、教育……）
全球和区域人造系统	6	全球和区域社会结构与治理：范式、积极与消极影响、法律、组织如何运行、土地使用、性别平等
	7	全球和区域社会结构与治理下的教育和文化
	8	全球和区域生态系统：范式、积极与消极影响、生产、分配、商品和服务消费、生命循环、价值链、金融等
	9	全球和区域生态系统下的水资源、能源和食物
通向可持续性的转变	10	如何开始、加强、加速系统变化
	11	通向可持续性的计划，基于机构层面（如联合国千年发展目标、联合国全球契约公司、ISO 26000等）
	12	基于非政府组织或小型网络层面的概念、工具、框架（如从摇篮到摇篮设计理念、自然资本、生态足迹等）
	13	我们可以学习到的例子和想法：成功或失败案例研究、科技、策略或社会创新
我们每个人的角色	14	个人或组织如何意识到他的角色和影响力
	15	个人的有效行为如何带来个人和系统的变化

此外，测试中的每个问题被标记为一个或最多三个标签，以便对结果进行主题阐释并提供一套丰富的指标，这些标签受到ISO 26000、地球公约和联合国可持续发展目标的影响，44个标签如下。

1.基本定义；2.后代；3.创新、创意领导力和可持续的生活方式的愿景；4.互相连接的挑战；5.全球相互依存和普遍的责任；6.生物多样性；7.气候；8.污染；9.能源；10.物质资源；11.水和卫生；12.人口；13.健康和基本需求；14.人权；15.不平等和贫穷；16.歧视；17.劳动实践；18.福利和社会进步；19.文化多样性和遗产保护；20.正规教育和终身学习；21.农业和供养人类社会；22.城市和人类住区；23.运输和基础设施；24.住房；25.旅游业；26.地方和全球经济体系；27.全球金融和债务；28.贸易（地方、国际、公平等）；29.生产和消费系统；30.税收制度；31.腐败；32.地下经济；33.国际治理与国际合作机构；34.各级民主机构；35.和平与正义；36.大众媒体的信息和作用；37.数据及其使用方法；38.知识和技术交流；39.利益相关者/社区参与；40.决策过程；41.指标；42.透明度和问责制；43.报告；44.声援与合作。

该测试有三种模式：学习、发现和考试。在其默认的学习模式中，测试者会得到一个包含正确答案的链接以便进一步学习，测设者可以看他们在各个主题领域的得分情况，并且可以与全世界的测试者进行比较。机构可以得知它们的学生或工作人员在特定领域的素养得分，这些得分可以作为授予学位的要求。在发现模式中，对于问题的有限选择可以让测试者自行发现一个学习领域。在考试模式中，测试能够规定考试时间。

作为测试的首创者，2016年波尔多高等商学院有3095名学生参加了该项测试，人数居于全球之首。

九、德国阿伦大学

阿伦大学的绿色大学建设以可持续事件管理网页（sustainable event management webpage）和绿鳗鱼学校环境管理系统（Gree Eel-Environmental Management Systems for Schools）的形式开展。

1.可持续事件管理网页

可持续事件管理网页以“脸书”主页的形式提供了一个供大家讨论与可持续有关的事件的平台，它的目标是让学生和公众能互相交流与可持续发展和学校事务有关的问题，它的主要功能包括：发起支持可持续发展的活动或计划；管理这些活动；对活动进行战略规划，切实达到预期效果；在沟通中有效地开展活动；开展教育活动，特别是可持续发展教育方面；开展可持续性旅游活动。判定一项活动是否可持续的标准包括它是否与17个可持续发展目标和子目标在三个方面相关：直接对区域产生影响；对全球产生间接影响；对参观者产生教育影响。

1.比如其在 2018 年举行的 FAMAB 可持续发展峰会，目标是把即时通信行业的客户和服务提供商聚集在一起共享可持续发展项目。在知晓项目要求和目标的前提下，2018 年的论坛币之前一届规模更大，除了传统的“可持续商业运营”和“可持续贸易展览与活动项目”论坛之外，还新增了两个突出“包容”和“沟通”主题的论坛。此外，这届论坛还重点关注小组会议部分的互动设计。主办发邀请了来自展会建筑行业、媒体技术、餐饮公司、活动代理、场馆和展览公司以及来自客户方的大约 300 为决策者与会。

2. 绿鳗鱼学校环境管理系统

“绿色鳗鱼”是一套为同级学校设计的环境管理系统。“绿色鳗鱼”代表改进后的学校，其设计目标如下：增强环保意识，加强学校环境教育；提升环境对学校的影响力；加强可持续发展教育；加深有关环境议题的讨论；象征学校和城市的可持续发展教育活动的积极的标志。该系统的措施包括：为学校引进适合其发展的环境管理系统；确定环境目标和措施作为环境计划的一部分并为之负责；发布环境声明记录环境影响、服务和规划；由阿伦市环境署负责审计。

管理系统的实施程序包括环境评估、环境政策与指南、环保项目、环境管理体系、环境审计和环境声明。

（1）环境评估是指利用外部支持对学校进行内部评价，它为环境声明和环境审计奠定了基础，评估内容包括：能源和水的消耗；可回收物品—废物量（分解成残余废物、废纸、有机废物、黄麻袋……）；纸张类型的消费；办公用品消耗；有害物质（清洁剂、实验室材料）；建筑（绝缘、窗户）；绿地和升级区域；使用后的密封表面；交通和间接排放。

（2）环境政策与指南由学校委员会制定，包括设计教育层面和技术层面的环境行为准则。

（3）环保项目包括教育和技术两个方面的项目，每个项目由目标和期望的结果、标准、责任人、资源和日程安排组成。

（4）环境管理体系包括环境小组、环境主任、学生环境事务发言人、综合教师会议、学校规定、记录和监视、评估。环境小组负责持续改进环境状况，小组由学生、老师、家长以及学校管理者组成，老师来自物理学、生物学、化学、公民学、地理、经济等各个学科，该小组每年至少举行四次聚会，共同选择环境目标制订行动规划；环境主任由小组内的一名教师担任，他的任务包括规划、控制、分析和协调环境活动；学生环境事务发言人由每班选举产生，任务包括认证班级内部具有环境意识的行为；综合教师会议负责介绍一个固定的议程；学校规定界定了学校的环境模式应遵循的规则；记录和监视是指定期收集消费数据（水、能源、废物、纸……）以及比较监测目标的实现情况；评估由环境主任完成，他向学校管理部门报告对环境小组和综合教师会议的审查结果，并记录在案。

（5）环境审计负责对环境管理体系开展年度评估，看其是否符合环保政策。

（6）环境声明的目的是向公众公布与学校的环境影响、环境污染和环境改善有关的问题，内容包括介绍学校及其以前的环境活动、环境指南、描述环境管理体系、环保团队组织和组织结构图、环保团队实施的生态控制、环境分析、环境计划、评估师的名字及有效期。

十、荷兰马斯特里赫特大学

马斯特里赫特大学是荷兰的国立研究型大学之一，其绿色大学的建设主要通过环保办公室、可持续科学研究生院（MUST）和国际综合评估与可持续发展中心（ICIS）完成。

1.环保办公室（Green Office）

该校的环保办公室于2010年成立，如今已经分布在欧洲大陆的

6个国家的27所高等教育机构，它所创造的可持续模式赢得了联合国教科文组织—日本可持续发展奖，它起初是一小部分希望自己的大学为可持续发展做出贡献的年轻学生组建的大学内部的学生自治可持续组织，该组织与教师、员工、校外人员合作，分为6个部门：治理部、大学运营部、研究部、教育部、社区及志愿者管理部。治理部是核心部门，负责办公室的行政事务，一名员工评估并报告办公室组织的项目，同时记录大学的生态消耗（比如碳排放或电消耗）；一名志愿者负责保证组织的正常运行，另外设置一位战略协调员。大学运营部负责与马斯特里赫特大学对接，比如帮助回收处理废品。教育与研究部负责使用可持续作为丰富教育与研究项目的方式之一，比如由学生开设的课程“可持续+环保办公室”。社区及志愿者管理部负责组织活动和市场运营。目前环保办公室有5名学生雇员和1名学校员工，每周工作14个小时，同时招募了一些学生志愿者，每年的资金是6万欧元。

环保办公室是推动马斯特斯赫特大学可持续建设的主要力量，主要目的是将学生、员工、社区联系在一起提供可持续服务，组织自下而上的活动，激发意识、批判性和创造性思维以及面对可持续性挑战时的合作意识也是该办公室的目标之一。

2.可持续科学研究生院（MUST）

可持续科学研究生院与国际综合评估与可持续发展中心（ICIS）一同是全荷兰可持续发展与综合评估跨学科领域的重要研究基地。可持续科学研究生院旨在推进科学在可持续转向中发挥作用，致力于问题解决与批判研究策略之间的区分，寻找整合社会科学和自然科学知识以及批判和解决问题的研究的新方法，这些都将在可持续发展面临挑战的背景下进行，如全球化、气候变化、全球健康、生物多样性丧失、水的问题、区域可持续发展、旅游、流动性、治理和创新问题。对于复杂问题的研究通常在具有不同但相关专业知识的研究人员组成的小组中进行，可持续科学研究生院将提供富有成效的学习环境，更加强调青年研究者和具有经验的研究人员之间的交流，由专业的学术带头人带领来自不同学科背景的博士生和博士后共同工作，研究将在跨学科团队的严密监督下进行。

该研究生院有本科、硕士、博士项目，本科项目课程包括：（1）可持续发展导论。课程目标是让学生了解可持续发展的原则，理解其学术定义、决策工具和实践之间的可能性、限制和相互作用。（2）全球化、环境与社会。课程目标是提高学生对全球化不同理解的认识，了解目前正在发生的进程，探索全球化进程的意义，采取跨学科和整体的态度来处理全球发展中环境与社会之间的复杂矛盾，鉴赏全球化争议性议题中的不同观点。（3）可持续发展实践。对“可持续发展导论”和“全球化、环境与社会”课程的理论知识和见解进一步深化，并应用于具体案例。（4）科学&可持续发展导言。课程目标是培养学生对可持续发展的理解，认识其复杂性以及对不同的人的不同意义，学会用跨学科和综合的视角来处理最紧迫的可持续性问题，应用“可持续评估”案例研究落实这些理解。

硕士生项目叫作可持续发展科学与政策，于2011—2012学年展开，该项目提供的强化课程赋予学生运用知识和技能处理世界上最复杂的问题之一——我们如何为现在和未来的福祉平衡生态、经济和社会发展的能力。该课程将通过国际性的跨学科课程为学生创造一个专注于可持续发展科学与政策的独特的机会，特别是在可持续评估方面，项目为一年制60学分。该项目主要为综合性知识生产和可持续政策评估培养人才。许多决策方，包括企业界代表、非政府组织、国际科学组织和高等教育机构都表达了对该项目的关注。

博士生项目叫作可持续性科学与政策（SSP），旨在培养教育科研人员、大学教师以及支撑可持续发展的社会、经济和自然科学领域的世界领袖。目前正在开设的项目有：迈向1.0；人类可持续；全球化、复杂性和可持续性；气候和可持续发展；气候和ENSO变异对阿鲁巴登革热发病率的影响；全球可持续治理：碎片与凝聚力之间的伙伴关系；未来研究在创新过程中的作用；利用综合评估方法实现废物管理；农民可持续农业生产行为的转型：中荷两国比较案例研究；生态系统服务对人类健康的影响：空间模型；咖啡认证的社会和经济影响，特别关注农民的生计效应；棕榈油认证的社会和经济影响，特别关注农民的生计效应；制度经济学视角下的认证合同；在全球认证合作伙伴关系中通过印度尼西亚非政府组织融入当地的可持续性价值观和利益；印度尼西亚政府的公共责任与全球认证合作伙伴的私人责任间的关系；组织变革与系统变革：建立大学可持续发展的途径；中国视角：动物与自然在可持续发展学习中的作用；学习可持续性：学习过程。

3. 国际综合评估与可持续发展中心（ICIS）

该中心成立于1998年，是该大学可持续发展科学研究所，它致力于可持续发展研究、教育和学习，为可持续的政策制定和创新提供知识基础。它也为这一领域的科学争论做出贡献，努力在实践中实现富有建设性的社会影响。因此，它与政府、企业、非政府组织和其他研究机构合作，从可持续发展科学着手，试图将这个新兴领域的科学、政策和社会结合起来，寻找可持续发展挑战的答案，并为可持续发展发掘新的道路。该中心的研究人员关注：可持续发展的概念化（使其以有意义的方式运作）；对治理体系的研究（可持续性问题如何由不同的参与者承担）；评估商业；政策和公民社会的可持续性举措；对创新轨迹和可持续性转型的理论和实证分析。

第二节　国内绿色大学理念与创建经验

一、发展历程

中国绿色大学的建设晚于西方国家，直到90年代后期才出现“绿色大学”的概念，1998年清华大学开始建设绿色大学拉开了中国建设绿色大学的序幕。

绿色大学在国内的建设离不开政治文化环境的孕育。1994年，中国发布《中国21世纪议程——中国21世纪人口、环境与发展白皮书》提出加强对受教育者可持续发展思想的灌输，要将可持续思想贯穿于从初等到高等的整个教育过程中。1996年，为贯彻落实《中国21世纪议程》，由原国家环境保护局、中共中央宣传部、原国家教育委员联合发布的《全国环境宣传教育行动纲要（1996年—2010年）》在环境教育部分提出：到2000年，在全国逐步开展创建“绿色学校”活动。这是中国首次提出“绿色学校”的概念，同时也为高校创办“绿色大学”提供了政策环境和思想价值取向。

1996年3月，全国人大八届四次会议通过的《关于国民紧急和社会发展“九五”计划和2010年远景目标纲要》提出了实施科教兴国和可持续发展两大战略。一方面强化了教育在社会可持续发展中的作用，另一方面使人们清晰地认识到经济、生态以及社会可持续发展之间的关系，教育必须承担起历史责任和使命。

上述两方面是中国高校建设绿色大学的基本背景，对启动和逐步推进绿色大学的实践具有不可或缺的条件性和动力性。下面对于直接促进绿色大学实践的事件分而述之。

1995年5月，由教育部高教司、世界自然基金会（WWF）、国家环保总局和清华大学共同在北京举办“大学绿色教育国际学术研讨会”，会议主题为“绿色大学教育的挑战、经验和建设”。本次会议成立了“全国大学绿色教育协会筹备委员会”，发表了《长城宣言：中国大学绿色教育计划行动纲要》，并决定在哈工大主办的《环境与社会》杂志上设置《大学绿色教育》栏目。这标志着我国“绿色大学”创建工作进入正式启动阶段。

1999年5月，原国家环保总局发布的《2001—2005年全国环境宣传教育工作纲要》（以下简称《纲要》）首次提出，在全国高等院校逐步开展创建“绿色大学”活动。并提出“绿色大学”的主要标志是：学校能够向全校师生提供足够的环境教育教学资料、信息、教学设备和场所；环境教育成为学校课程的必要组成部分；学生切实掌握环境保护的有关知识，师生环境意识较高；积极开展和参与面向社会的环境监督和宣传教育活动。环境文化成为校园文化的重要组成部分，校园环境清洁优美。《纲要》的出台从政策层面上为我国高校建设绿色大学提供了基本的实施框架和指标体系。

2000年5月，由世界自然基金会资助，“全国大学绿色教育协会筹备委员会”牵头，在哈尔滨工业大学和黑龙江亚布力原始荒野区召开了“全国第一届大学绿色教育学术研讨会”，会议主题为“大学绿色教育的课程结构、教学内容和方法”。会议通过学术研讨、教学观摩以及亚布力原始荒野考察，探讨我国大学绿色教育的课程结构、教学内容和方法。提出在高校建立主干课程，将《环境与可持续发展》提升为必修课，并将讨论的《全国大学绿色教育课程结构和教学纲要（草案）》向教育部提交。另外，会议就创建绿色大学的问题进行广泛的讨论，最终达成基本的共识：绿色大学是一种新的办学理念，其目标是培养具有“绿色思想”的专门人才；绿色大学是时代的产物，是环境保护形式的新发展；绿色教育是一项长期而又艰巨的工作，组织者不应该只限于学者；开展绿色教育的教学研究人员应是具有自然科学与人文科学的综合人才，应积极在高校开设环境类课程。这次会议，对我国建设绿色大学，并将绿色教育纳入大学教学计划，起到了积极的推动作用，也标志着我国建设绿色大学进入推行阶段。

2001年5月，“高校环境教育国际学术研讨会”在东北大学召开。这次会议主题为：环境教育——21世纪大学的责任。与会代表共同认为，环境教育绝不是一门普通的教育科目，它涉及人们深层思想观念的重大转变，具有较强的跨学科性、实践性和社会性，强调知行合一，是大学术人文素质教育的重要组成部分；高等师范院校的环境教育目标是培养具有强烈的环境意识和环境责任感的中小学教师，是基础环境教育的基础，其影响涉及面广，持续时间长，因此发展基础环境教育必须重视并发展好高等师范院校的环境教育。这次会议的召开标志着中国高校建设绿色大学的活动，进入全面探索并展开的实质性阶段。

此后，中国的许多大学都陆续开展了绿色大学的建设活动，并且形成了若干联盟。例如，为了加强高等学校在绿色校园建设领域的交流合作，形成经验共享、资源互补的平台，引领和推进我国绿色大学建设事业的可持续发展，由同济大学倡议，浙江大学、华南理工大学、江南大学、天津大学、重庆大学、山东建筑大学及香港理工大学、中国建筑设计研究院、深圳建筑科学研究院共10家单位共同发起，于2011年3月10日在上海召开了“中国绿色大学联盟”（China Green University Network，CGUN）筹建会，经过认真讨论和充分协商拟决定成立“中国绿色大学联盟”，旨在加强交流，整合资源，提供政策决策支撑，引领和推进中国大学绿色大学建设事业的发展。3月16日，“中国绿色大学联盟”在上海宣告成立。此外，香港中文大学、南京大学和台湾“中央大学”2011年5月31日宣布成立海峡两岸暨香港地区绿色大学联盟，以结合三校资源，通过融汇绿色理念，建立平台创造科研与人才的合作机会。2016年，浙江大学、北京师范大学、台湾成功大学加入该联盟，联盟从而扩容为6所学校。每年由各校轮流举办青年环保夏令营、环保竞赛等活动，旨在搭建绿色交流平台，创造合作机会，激发学子绿色创意，培养具有良好可持续发展意识、环境保护理念和相关知识技能的高层次人才。

二、实践经验

（一）清华大学

1998年，清华大学在中国首先明确提出建设“绿色大学”的目标，并确定其内涵为“绿色教育”“绿色科技”和“绿色校园”三个方面（王大中，1998），由专门的绿色大学办公室来负责实施。20年来，清华大学围绕以上三个方面，推进绿色大学的建设工作。

1. 绿色教育

在绿色教育方面，清华大学的工作主要包括课程建设、实践活动、普及和培训三个部分。首先，课程建设，包括专业课程和通识课程两个部分。专业课程以环境学科专业课程为基础，在环境科学与工程系各学科方向形成了较为完善的系列课程；通识课程则以1998年至今，面向全校大学一年级本科生开设的《可持续发展与环境保护概论》必修课为核心，先后在20多个院、系和单位开设了不同类型、不同层次的和环境与可持续发展有关的课程200多门，听课学生达到50000多人次。

其次，实践活动，包括专业实践、社会实践两个部分。专业实践以1996年开始实施的大学生研究训练计划（SRT计划）为核心，10余年来开展与绿色教育有关的SRT项目共400多项，参与学生近千人。社会实践则利用寒暑假、双休日等开展关于环境保护的社会实践，组织学生开展生态考察和环境问题调研。

最后，普及和培训，主要通过面向社会的宣传、培训和论坛活动来开展。特别是2000年以来，清华大学形成了包括高端论坛、专家论坛、学生论坛在内的绿色教育系列论坛，为学校绿色教育注入了新的元素。

除此之外，清华大学在绿色教育方面也在不断探索，如改进教学方式、开设专题讨论课程、建设高质量的教材以及改革选择方式等，力图提升学生的环境素养。

2. 绿色科技

十几年来，清华大学从“深绿色科研”“淡绿色科研”和“浅绿色科研”三个方面进行了深入的科学研究。

“深绿色科研”是指直接进行环境污染治理与环境质量改善的技术研究。清华大学多年来在大气污染防治、煤的清洁燃烧、水污染与防治、垃圾处理等多个方面取得了多项科研成果。其中，大气污染治理领域，针对汽车尾气污染问题，环境系等开展机动车污染控制方面的研究，分别承担了“九五”攻关项目等多项课题，为国家起草相关环境政策提出了宝贵建议，所取得的研究成果具有重要的社会、经济和环境效益。

“淡绿色科研”是指研究与开发一批符合清洁生产原理的新工艺和新技术，减少能源消耗和污染物排放。如建设超低能耗示范楼，2005年清华大学建成了国内首座超低能耗示范楼，冬季基本可以实现零采暖消耗，考虑办公设备、照明等系统在内，建筑物全年耗电量仅是北京市同类建筑物的30%。

“浅绿色科研”是指开展新能源领域的研究以及开展环境与社会发展问题的软科学问题研究。清华大学核研究院为解决发展核能的关键问题进行了先进核能技术的研究与开发，主要包括先进核反应堆——低温核供热堆、高温气冷堆；还参与了教育部人文社科“十五”规划项目的清洁生产法研究课题，对清洁生产法的含义、目的、思想基础等问题进行了深入探讨和分析，并参与了相关法律的起草工作。

3. 绿色校园

清华大学建设绿色校园的指导思想是把校园建成资源节约型、环境友好型、人与自然和谐的生态校园，主要措施是校园景观改造和设施改造。例如，为丰富校园树木品种，建设植物多样性的校园，清华大学从2004年起引种了多种树木。为改善校园生态环境，从2002年开始，校园绿化侧重大树种植，增加乔木数量，使得清华校园的园林美观度得到提升。为改善交通环境，清华大学新建和改造了46000平方米的道路，扩建了多条主干道。为改善和增加校园内的野生动物品种，放养了80多只珍贵品种的松鼠，2005年还尝试放养孔雀，并开展爱鸟工程。

此外，清华大学绿办积极推进全校节水、节电、节气等各方面的工作，后勤部门通过改进教室、食堂、宿舍、校园等处的节能设施，采取新工艺、新技术，建立节能降耗的奖惩机制等办法，实现了节约水气煤电的良好效果。

（二）北京大学

与清华大学相比，北京大学的绿色大学建设起步较晚。北京大学没有专门的绿色大学办公室，相关工作主要由环境保护办公室和校园规划办公室开展。2009年4月，北京大学将原“校园规划办公室”更名为“校园规划与可持续发展办公室”，进一步突出其在绿色大学建设中的协调和综合作用。2009年10月，作为国际研究型大学联盟成员之一，北京大学承办了联盟可持续项目组会议，承诺至2010年单位建筑面积碳排放在2005年统计数据基础上降低15%，5年内生均能耗水耗能在2008年统计数据基础上降低5%。以此为契机，北京大学推出了“可持续发展校园”计划，力争实现三大具体目标：首先是合理地使用北京大学有限的空间资源，保证教学与科研的可持续发展；其次是传承燕园校区的历史文脉，促进具有丰富积淀的文化遗产保护与利用的可持续发展；最后是建设可持续发展的绿色低碳校园。围绕以上目标，北京大学依托其雄厚的科研和教学实力，深厚的历史和文化底蕴，独特的生态和人文资源，发展出别具一格的绿色校园建设战略。

1. 校园空间规划

北京大学海淀校区自20世纪20年代燕京大学建校以来，校园人口增长了30余倍，建筑总量增长了20倍。2001年初，北京大学编制了《北京大学海淀本部校区总体规划》，2006年进行修编，这为北京大学的校园空间发展提供了基本格局。此规划连同《未名湖燕园建筑文物保护总体规划》和《北京大学海淀本部校区总体规划交通影响评价》，成为校园建设、改进的基本法定依据。

2. 生态、环保科研教学体系

北京大学自20世纪70年代以来，就开始研究和探讨环境问题，经过30余年的不懈追求和实践，逐步建立了相对完善的环境科学学科体系，并形成了从基础研究到决策支持的科学研究和教学体系，为国家环保政策的制定、珍稀动物的保护、区域经济和社会协调发展发挥了重要作用。北京大学目前在环境科学、城市规划、生态科学、环境工程、经济、法律、化学、物理和国际关系等领域，有11个学科近40门课程与环境教育及可持续发展密切相关，并且已经将“社会与可持续发展类”作为全校通选课的最基本领域之一。在教学过程中，强调对学生的公民责任教育，社会服务意识教育，致力于培养能够服务于社会，并致力于社会进步的社会中坚力量。

3. 校园文化建设

以学生为主体开展环保活动是北京大学校园文化的重要方面。北京大学现有环保类社团6家，长期从事环保活动的综合性社团16家，每年都通过形式多样的暑期社会实践活动深入各地社区，进行环境和生态保护情况的宣传、调查与研究。2006年，校团委和环境学院共同创立了“中国大学生环境教育基地”。基地在科研创新、绿色校园、教育推广、国际交流四方面展开了大量的实践活动。2009年5月，北京大学学生在“中国大学生环境教育基地”组织的第4届国际大学生环境论坛上发表了《建设可持续发展校园宣言》。根据不完全统计，北京大学学生团体组织的各类环保活动平均达到120余次/年。

4. 低碳校园建设

北京大学自2009年以来一直在深化节约型校园硬件建设工作，进行节能器具的改造和节能技术的应用。积极利用绿色能源，在校内建设了两眼地热井，利用地热能源供暖；学校还加大投入改造节能设备，建立了“供暖集中监控系统”，实现每年节约天然气40万立方米，节煤1600吨；从2005年底开始，陆续在校内部分学生宿舍楼、教室及路灯系统，安装使用“照明节电器”，平均节电率达到20%以上。

（三）哈尔滨工业大学

1999年，哈尔滨工业大学作为国内高校创建绿色大学的牵头单位之一，提出了建设绿色大学的目标，把绿色教育作为大学基础素质教育的重要组成部分，以培养对环境友好的、有生态道德的未来高级科技人才为指针，构建了“建设好一个中心、搞好三个推进”的哈工大绿色大学模式。“建设好一个中心”就是结合环境自然科学与人文社会科学，建设好“环境与社会研究中心”；“搞好三个推进”主要包括：关于环境宣传教育的推进、关于环境理论研究的推进、关于环境直接行动即环保实践活动的推进。

1.环境与社会研究中心

哈尔滨工业大学成立了环境与社会研究中心，并把这个机构作为“大学绿色教育办公室”的常务机构。通过这个机构，把学校环境社会科学学科、环境自然科学学科和大学生绿色协会有机地结合起来，针对环境问题的多学科性特点与环境教育的多样性、复杂性，有条件地开展综合研究，同时针对非环境类专业大学生的环境意识培养的需要，开展全方位的绿色教育。

2.推进理论研究

开展绿色教育，离不开理论的指导。哈工大重点推进三个层次的理论研究：一是环境哲学理论，二是环境科学理论，三是环境工程技术理论。通过推进理论研究，培养学科带头人和研究队伍，在校内形成环境理论研究的共同体。

3.推进宣传教育

首先，在宣传方面，把环境理论研究的成果以讲坛、讲座、信息公布等各种形式在校内外宣传；对国内外环境研究的动态、新思想新观点以及校内外最新环境行动事件等及时报道，扩大环境教育的影响力和影响面。其次，在教育方面，哈工大突出环境社会科学与环境自然科学的多学科交叉，在校内打破学科界限，形成“一个学术共同体，两条战线”的格局。“一个学术共同体”就是把科学哲学学科中的环境哲学、生态伦理学、可持续发展方向，也纳入环境科学与工程学科，作为与环境自然科学互补的环境人文学科设立，形成一个科学共同体。“两条战线”：一条是以人与自然关系的生态环境问题为主线，展开多学科的协作研究；另一条是以大学绿色教育问题为主线，由大学绿色教育办公室牵头协调进行环境自然科学学科与环境人文科学的综合研究，并协助学校教务部门搞好课程教学系统的配置，比如在本科阶段开设《科学技术与可持续发展》选修课，并开设《生态伦理问题》《国内外生态环境形势》《环境与社会问题》等关于环境保护与可持续发展问题的讲座。

4.推进环境行动

哈工大在校内积极开展减量消费、废物再循环、废除一次性筷子等环境行动，培育大学生的绿色环境意识，倡导绿色消费观念和绿色环保行动。在校外与社区结合建设绿色实践实习基地，主要包括三种类型：第一，城市“环境—社区”实习基地。实习的重点是历史古迹的考察和保护，帮助社区解决环境与社会关系问题。第二，乡村“环境一社区”实习基地。实习重点是认识土地与人的关系，了解化肥、农药在土地上的毒化过程，协助社区解决生态农业问题。第三，荒野自然“环境一社区”实习基地。实习重点是认识自然遗迹，学会尊重大自然，协助社区解决一些自然保护的政策问题，促进学生走进大自然，有助于提升绿色意识，树立良好的生态道德观。

（四）香港科技大学

香港科技大学致力于创建一个更具活力、更具包容性和更可持续发展的校园，以支持大学的教育目标为工作重点。香港可持续校园联盟宣言（Hong Kong Sustainable Campus Consortium Declaration）首先阐述了这一承诺，香港八所大学的校长表示：“我们认识到高等教育部门在应对气候变化和可持续发展挑战方面的重要作用和责任，我们将进一步研究教学和知识交流的核心任务。”香港科技大学立志成为可持续发展教育的全球领导者，并试图将清水湾校园改造成一个零碳、零废弃，对环境产生积极影响的学习实验室，在充满活力的社区内展开尖端研究和可持续运营。

在过去，香港科技大学在可持续发展上有过许多成就。作为一所研究性大学，科大擅长于跟踪数据和分析结果，并采取了同样的方法运用在校园可持续发展的追踪监测上，以便更好地了解趋势、表现和领域发展。2015年至2016年，香港科技大学在可持续发展上的进步和表现有如下几个方面。

1.环境管理

在碳排放上，2015—2016年香港科技大学的整体排放量都比前一个学年有所下降，其中包括与学术建筑、职工和学生住房、食堂和体育馆有关的排放量。排放量下降的主要原因是科大电力公司（CLP）的排放因子比去年下降了15.6%。排放因子是指电力公司每生产1000瓦时发电的温室气体排放量。水资源方面，香港科技大学的水资源主要有两个来源：一是饮用水，清新干净，可饮用，来自香港水务署，用于烹饪、清洁、淋浴和饮用；二是科大卫生间使用的清水湾的海水，使用海水用于洗手间清洁有助于保存所需要的所有其他用途的珍贵淡水。与2014—2015年用水量相比，用水总量增加13661立方米，增长达3.4%以上，这与学校的建设和人员扩张相关。在废弃物管理上，在许多学生志愿者和助手的帮助下，香港科技大学进行了全面的废弃物审计，并在转移垃圾填埋场的可回收物品方面迈出了一大步。2015—2016学年，废物产生量为3187吨。与2014—2015年度（3540吨）相比，废物总量不但减少了10%，年度废物回收量也增至133吨。2015—2016学年，最常使用的再生材料是造纸、玻璃和食物垃圾，占回收量的80.5%，随着在校园内安装新的回收堆肥箱，垃圾填埋场的垃圾分流量预计将进一步增加。

2.科学研究

作为一所国际研究型大学，香港科技大学拥有具备国际视野的重点精英研究和教育机构，拥有明确定位，强调跨学科研究、企业精神和创新意识。大学的研究成果促进了可持续方案的开发。2015—2016年度，香港科技大学共举办了33个与环境有关的研究项目，获得超过5000万港元的资助。这些项目涉及范围广泛的环境问题，包括可再生能源生产、污水处理、食品废物管理、空气质量、气候变化、污水处理、绿色建筑、绿色交通、绿色通信等。其中由科大开发的环保型太阳能电池是一大亮点，被美国国家可再生能源实验室评选为“年度最佳研究”。这个由香港科技大学化学系Henry He Yan教授领导的研究小组开发的电池，在生产过程中不含任何有毒物质或使用任何有害溶剂，是真正环保的溶液加工有机物太阳能电池。太阳能电池的性能超过了使用有害溶剂的传统技术的性能。这一发现为研究由环保过程创造的高效太阳能电池提供了重要的指导，并且是世界最高转换效率值的太阳能电池。

与此同时，香港科技大学还举办了“全国挑战杯”的主题比赛，来自各国的学生展示他们发展“智慧绿色城市”的创意及创新解决方案。比赛要求学生在科学技术、社会经济、城市规划、公共管理等方面运用自己的知识，提出创新的思路和解决方案，将本国的城市或城市的一部分改造成“智能绿色城市”。来自中国内地、香港以及其他国家，包括俄罗斯、泰国和马来西亚的800多队参加了比赛。

3.行动计划

从长远目标而言，香港科技大学还通过了一个名为“2020年香港科大可持续发展挑战”的五年计划来实施，这一计划专注于四个重点领域：开发新的可持续发展课程，以及提供一系列的支持，帮助教师在整个授课过程中传递可持续信息；减少能源消耗、温室气体的排放量，垃圾填埋场的垃圾减少；由校长领导的香港科技大学社区，形成以社区为导向的可持续发展网络，就创建可持续的校园环境进行交流和分享；展示可持续发展相关的校园研究，展示可持续发展挑战的新思路和新方法。

香港科技大学可持续发展的转变需要一个亲身实践的学习环境，在这个环境中，校园本身就是学习过程的重要组成部分，毕业生在解决当地和全球紧迫问题方面需要做特别准备，香港科技大学社区的所有成员都为这一目标做出了贡献。为了推动这一愿景，校园将努力成为一个碳中和、零废物的环境影响校园。“2020年香港科大可持续发展挑战”这一详细的行动计划试图建立一个以社区为导向的可持续发展网络，开发和评估可持续发展教育的新方法，以使能源、温室气体和废物资源减少。这一计划还包含了以下四个目标。

教育目标：到2020年，建立香港科技大学可持续发展教育和研究框架，确保学生对可持续发展理念有深入的了解，并对解决本地和全球问题的能力做出承诺。具体措施包括：（1）构建可持续性课程框架；（2）加强大学行动与学术界的行政和学术联系，帮助培养将校园和场地作为“可持续发展的实验室”的实际能力；（3）加强教师的支持网络，协助跨学科和课程的可持续性教学。

校园运作目标：通过减排和能源利用效率方面的努力，温室气体排放量减少10%，资源浪费减少50%。具体措施包括：（1）成立执委会（ExCo），向委员会提供有关减少目标的期望预估；（2）审查每个单位的政策和程序，并将其修改为一套可持续行动指南；（3）制定审查、评估和校园绿化项目设计的标准。

示范性目标：开展有助于实现校园可持续发展的可见现场示范项目，同时展示香港科技大学研究人员为解决全球可持续发展挑战做出贡献的工作。措施包括在较为地标性的校园地点开展示范项目，展示全球和当地的可持续发展理念和解决问题的方法。

社区目标：香港科技大学可持续发展网络将成为支持和推动跨部

门合作的桥梁，以及学校和校园的可持续性行动和政策的核心社会支柱。具体措施包括建立香港科技大学可持续发展网络，该网络将由两个小组组成：（1）可持续管理官方成员（SMO），是以官方身份担任其职务或部门代表的成员；（2）组建网络绿色团队的志愿者。

（五）中国台湾的绿色大学

与绿色大学相关的学校环境教育和校园环境管理的有关内容，在台湾地区已推行多年。1990年，台湾教育主管部门还专门成立了“环境保护小组”，专门推行这些工作 。1998年起，台湾教育主管部门开始推行以中小学为主的永续校园局部改造计划，并且在2003年将大学纳入此项计划，开展永续大学局部改造计划，2007年又提出大专院校节能减碳政策。这些行动为推行“绿色大学”计划奠定了良好的基础。

2003年和2005年，台湾教育主管部门先后召开了两次会议，邀请加拿大、澳大利亚、美国的有关专家与中国台湾的各大学一起，探讨绿色大学的理论与实践的相关问题。这促使高雄大学和高雄师范大学先后签署了推动大学面向可持续发展的《塔卢瓦尔宣言》，开台湾绿色大学之先河。2008年，台湾教育主管部门委托中华教育学会建立起绿色大学发展的基本数据，启动绿色大学前期计划，推广绿色大学的理念。2009年初，台湾教育主管部门在申报的37所大学中选出13所，定为“绿色大学示范校”，正式开始全面推动绿色大学工作。2013年，台湾地区的49所大学成立“台湾绿色大学联盟”。从具体做法来看，台湾的绿色大学具有一些鲜明的特点。

1.行政和制度支撑

首先，台湾地区的绿色大学非常重视行政和制度支持，并将此作为绿色大学创建的起点。例如，清云科技大学专门成立了由校长任主席，学校各部处和系所代表以及社区代表组成的“绿色大学发展委员会”，制定绿色大学白皮书，并结合学生社团活动、促进优质教学的计划及社区民众教育，共同推进绿色大学的相关行动。其他大学也有类似行政架构，元智大学为“绿色大学永续校园推进委员会”、勤益科技大学和朝阳科技大学为“绿色大学推进委员会”、嘉义大学为“校园永续发展委员会”等。在这些由大学最高行政领导亲自领衔的委员会下，还会设置具体的执行部门来实施绿色大学的相关政策和行动方案，一般为大学的环境保护暨安全卫生中心（以下简称环安卫中心）。

2.技术和硬件改造

其次，台湾地区的绿色大学建设以校园管理为重要内容。台湾地区的绿色大学从资源回收、节水、节电、新能源应用、建筑物能效提高、校园空气质量控制、绿色采购、全校环境管理系统营建等方面入手，提倡节约资源和能源，打造低碳校园，具有突出的成效。例如，暨南国际大学于1998年即通过校园废弃物清除处理方案，作为处理本校垃圾的指导纲要。为进一步促进垃圾减量和分类回收再利用，该校从2002年起全面实施垃圾不落地政策，大大减少了校内垃圾数量，并且提高了回收成效。清云科技大学则发挥学校的信息化和技术优势，开发数字化的全校环境管理系统，建造了智能化的环境监测管理中心，如全校能源（水资源、电力、空调节能）使用管理监控系统、环境质量（照明照度、氧气、二氧化碳）监测管理系统、太阳能及风力发电夜间紧急电力辅助供应系统等，对全校的电力和水资源运用情况进行实时、动态的监测和调控，为校园环境管理提供准确可靠的基础数据。

3.课程建设

除了重视技术措施和硬件改造外，台湾地区的绿色大学也非常重视“软件”建设，几乎所有的大学，都会在全校性的通识教育课程中设立有关内容，让不同专业、不同年级的学生都能接受环境教育。例如，暨南国际大学先后在通识课中开设了城乡生态、运动与健康、环境指标和自然资源再利用、安全与卫生、自然保护概论、环境保护导论、生态旅游与城乡自然资源规划、全球环境变迁与可持续发展等课程。台北医学大学尽管是一所专业性大学，但也在医学院与公共卫生和营养保健学院开设环境教育和可持续发展的相关课程，并且由通识教育中心开设四门环境相关课程：环境生态与永续发展、从文化城市到健康城市、环境科学概论、全球环境危机与可持续发展等。

4.专题活动

除此之外，各大学还积极开展各种专题活动，营造“绿色”的校园文化氛围，身体力行地推行“绿色”理念。比如，嘉义大学在校内对师生发动“一人一筷，健康常在”的环保活动，让全校教职员工自备餐具，自2006年起全校餐厅停止提供一次性餐具。高雄大学则持续地定期举办高大环境永续周，确定每次活动的主题，安排专题演讲和展示活动。学校与学生社团共同举办活动，并发布消息给校园或当地的媒体，或向其他的学生社团与宿舍提供活动简报，在公共场所设立展示区，举办宣传活动，有效地扩大宣传效果。

5.生态保育

台湾地区的许多大学有着得天独厚的自然条件，因此，台湾地区的绿色大学往往在校园规划中重视创造和维护校园多样而丰富的生态环境，建设生态校园。例如，中正大学始建于1984年，校址原为甘蔗田、果园、竹林及长满芒草的空地，自建校之初即规划种植大量的树木，并持续地接收老树移入校园及新植林木，目前校内已拥有10万余株各类树木，整个校园绿意盎然，森林处处。朝阳科技大学位于台中县，校园分处三个长缓的山坡，其间以蜿蜒的山道相连，成为社区民众和师生共同享受的步道。而校园中鸟类、爬行类和昆虫繁多，造就了绿意盎然的景观。当暑假来临，通往校园的路上就会出现凤蝶的踪迹，而夜幕低垂时就会听到蛙鸣声，校园无形中成为学生生态体验及学习的空间。

尽管台湾地区的绿色大学计划推行时间不长，但在有关行政当局的推动下，各大学积极参与，形成了许多优秀案例，取得的成效令人瞩目。与国际一致的行动承诺，教育行政部门主导自上而下的推行机制，以环境管理为切入口带动全校性变革的基本策略，构成了台湾地区绿色大学计划的特色。

第四章

走向未来的绿色大学

第一节　大学的重新定向

一、面向可持续发展的大学理念

1. 历史上两种不同的大学理念

现代大学的职能常被归纳为三大方面，即教学、科研和社会服务，这些职能如何取得合法性？在布鲁贝克那里，它们被归结为两大基础。“在20世纪，大学确定它的地位的主要途径有两种，即存在两种主要的高等教育哲学，一种哲学主要是以认识论为基础，另一种哲学则以政治论为基础。”这两种看法是分析大学的基本框架。

持认识论哲学的人强调大学以探索高深的学问和忠实客观地追求知识为目的。这种认识论哲学主要考虑大学的纯学术价值，认为大学是一个学术系统，学术发展是其最根本的目的，因此，大学必须按自身规律发展，而条件则是远离现实即不受外界的干扰，尤其不能为政治和商业性质的目的去生产文凭和知识。持认识论的代表人物有洪堡、纽曼、维布伦、弗莱克斯纳、赫钦斯等。他们都认为“大学是探索和传播真理的堡垒”，是从事学术事业的神圣场所。而所谓学术，在维布伦看来，探索深奥的实际知识是学术事业不证自明的目的。认识论哲学并不反对大学同时具有教学和研究的性质和职能，但他们认为研究应当从属于教学的目的而不是政治的目的。并且，认识论哲学反对社会现实主要是政治和经济对大学的影响和干扰，因为他们担心这会影响大学探索和传播真理的客观性。作为高等教育认识论哲学基础的重要理论代表，纽曼的知识传授、洪堡的知识发现、赫钦斯的智性涵养成为西方高等教育认识论哲学基础的三块坚实基石。大学最早主要是依据认识论哲学发展起来的，今天对大学问题的讨论，仍然受到这一哲学基础的影响。从这一点看，认识论哲学基础对于大学和高等教育的价值是巨大和不可替代的。

与认识论直接冲突并对大学理念产生重大影响的是政治论哲学。政治论哲学认为，“人们探讨深奥的知识不仅出于闲逸的好奇，而且还因为它对国家有着深远的影响”。它强调的是这样一种认识：如果知识和思想并不能使人们产生行动，那么它们就是无效的。因此，在大学人们追求知识应是手段而不是目的。社会的发展使解决社会越来越纷繁复杂的问题需要更多的深奥知识和专门人才，但是“如果没有学院和大学，那么想理解我们复杂社会的复杂问题就几乎是不可能的了，更不用说解决问题了”。“而获得解决这些问题所需要的知识和人才的最好场所是高等学府。当高等学府卷入日常生活的时候，必然会遇到如何确定目标和如何行使权力来实现这些目标的争论。而这些争论自然具有政治性。”因此，从柏拉图、亚里士多德直到杜威，都把教育作为政治的分支来看待。

随着社会的发展，高等教育的任务趋于多样化，高等教育认识论的观点受到了严峻的挑战。“政治论的高等教育哲学与认识论的高等教育哲学并驾齐驱，甚至压倒了认识论的哲学。”德鲁克说，“大学现在不仅是美国教育的中心而且是美国生活的中心。它仅次于政府成为社会的主要服务者和社会变革的主要工具……”如徐小洲等（2001）

所指出的那样，社会经济的发展使得社会对大学的观念从“象牙塔”变成社会的“服务站”。各种在社会生产生活中遇到的实际问题都要求大学来帮助解决，市场经济对大学的冲击也表现在更多的方面和更深入的层次：招生、经费、管理、行政，甚至科研无一幸免地受到影响。实用主义、功利主义之风日盛，政治论的哲学基础开始成为大学存在的直接依据。在许多场合，人们对眼前实际利益的关注重视往往大于那些对未来影响深远而在目前却成效甚微的长远利益，孤寂、恬淡的认识论哲学基础在某种程度上受到了冷落。

现代社会中几乎已经没有单纯以认识论或政治论作为依据的大学存在，它们大多是两种哲学既相互斗争，又相互依赖的共同作用的结果。事实上，许多大学不得不接受这样一种现实，即大学作为社会最重要的学术机构，它既要按照知识发展和传授的内在逻辑保持相对独立性，又必须接受政治和社会对它提出的要求，承受经济的压力和大众文化的冲击。在这种社会现实中，他们要求大学一方面必须坚持教学和学术的独立性这一区别于其他组织的大学本质特性，另一方面又必须为解决重大的社会问题贡献知识和技术人才（眭依凡，2000）。认识论和政治论的妥协和共存正是这种内在的张力和外来的压力平衡的结果。正如韩国成均馆大学校长丁范镇所言，“形势使得高等教育必须把关注的焦点转向直接的或近期可应用的技术。我们将其称为应用研究。大学要面向这些挑战，并且应该按照社会提出的要求进行重建。另一方面，我们不能忽视基础研究，也不能忽略对基础知识和基本真理的探究。因为，没有这些基础，我们就会为了现在牺牲未来”。

2. 可持续发展思想和大学理念

无论哪个时代，要将两种相互对立的高等教育哲学编织在一起，恐怕都需要以某种“时代精神”为线索。如果无法把握和理解当前时代，也就无法在统一的基础上考虑高等教育哲学。那么，当前时代的最主要特征是什么？对大学最具有影响力和冲击力的思想是什么？大学最应当“看准方向迎头而上”的思潮是什么？当属可持续发展思想无疑。

毋庸置疑，可持续发展是人类面临的最迫切的问题。可持续发展的观念一经布伦特兰报告提出，迅即成为世界上最广泛的实践活动。全世界大多数国家都根据1992年的《里约热内卢环境与发展宣言》和《21世纪议程》等纲领性文件，制定了适合本国或本地区条件的可持续发展战略，既有发达国家，也有发展中国家和不发达国家。另外，不少世界性或区域性的国际组织也制定了相关的可持续发展战略，并提出了一系列具体行动计划。与此同时，《21世纪议程》和可持续发展战略的制定工作迅速从国家层次向地方层次推进，全球已有2000多个地方制定了地方的《21世纪议程》或可持续发展战略。根据这些战略，许多国家和地区都组建或设立了相关的组织机构，在制度上保证可持续发展战略的实施。除了政府层面的行动之外，非政府组织、民间机构、媒体、普通民众对可持续发展的知晓和参与程度也越来越高。从全球范围来看，可持续发展的实践从个人、团体到国家、地区，从宣传、教育到制度、文化，无论广度和深度都超过了历史上的任何一种思潮。从这个意义上看，可持续发展思想可能是人类历史上最有力量的思想之一。

从哲学发展观的角度来看，21世纪“是可持续发展的世纪”（李现平，2003）。由于可持续发展观特别强调发展与外部环境、发展主体与多样性他者的协调统一、不可分割，并且更加强调连续性和继承性，也吸收了人类在20世纪中创造的科学技术和思想发展的新成果，因此它超越了传统的"革命发展观"，形成了全新的哲学发展观，势必成为21世纪中统领人类继续前进的主流哲学发展观。显然，当人类历史波澜壮阔地迈向可持续发展的时候，大学能对这种潮流置之不理吗？大学哲学难道不应当在可持续发展的框架中进行反思和调适吗？作为"社会轴心"的大学，比其他任何社会组织都更应当把自己的哲学基础放在可持续发展的洪炉中加以锻炼，从可持续发展的视角和框架来审视和研究自己。

因此，尽管可持续发展作为一种仍然处于不断变动中的思潮尚未成为具有普遍意义的哲学理论，但是它对大学发展的引领意义毋庸置疑。需要注意的是，对于可持续发展的哲学意蕴，目前还没有明确并建立起清晰的体系；另外，可持续发展思想本身尚处于不断地变化之中，它与大学的诸多关系尚未厘清，不可能为大学提供一个稳定的哲学基础；再者，可持续发展思想的视野极为广阔，与大学发展规律有关的哲学观只是其中的一个部分，如果不加以深刻的认识和界定，不但不能给大学的发展指明方向，反而有可能造成混乱。未来随着可持续发展思想的发展，必然可以发展出建立在可持续发展哲学基础上的高等教育哲学理念和实践。

二、绿色大学的走向

2015年9月，联合国发布了《2030年可持续发展议程》，该议程提出了17个战略目标、169个具体目标的“可持续发展目标”（Sustainable Development Goals，SDGs）。该议程承接并取代了2000年开始实施的“千年发展目标”（Millennium Development Goals，MDGs），未来15年内在全球范围促进和平、包容的社会，创造更好的就业机会，应对严峻的环境挑战，尤其是气候挑战，推动人类社会的可持续发展。从联合国发展规划署的解释来看，“千年发展目标”仅仅是列举了人类进入21世纪可能面临的一些严峻挑战，而“可持续发展目标”则涵盖了更广泛的发展主题，致力于“一个都不能少”的所有国家共同进步。自2016年正式生效以来，“可持续发展目标”获得了广泛认同，成为联合国全体成员国政策规划的重要参考。到目前为止，以国际大学协会（IAU）、英联邦大学协会（ACU）、为了可持续未来的大学领袖联合会（ULSF）等为代表的相关组织已经对高等教育机构在“后2015时代”中、在可持续发展目标的框架内面临的挑战以及应当具有的地位和作用，在世界范围内进行了热烈的讨论。尽管讨论是多样而广泛的，但在高等教育政策和地区/国家的发展政策方面，仍然呈现出一些相互交叉的共识，决定了绿色大学的未来取向。

1. 强化平等的高等教育

和“千年发展目标”不同，“可持续发展目标”对高等教育的角色有着明确的定位。在“可持续发展目标”之前关于人类发展的全球议程中，没有一个提及高等教育，甚至“全民教育计划”（EFA）也没有。然而，有研究指出，目前在所有层次上，教育系统的不平等性已然凸显出来。特别是在正规教育的高级阶段，证据显示这一问题尤为突出。例如，在越南、印度尼西亚和菲律宾，高中后教育阶段的不平等现象并不鲜见。

“可持续发展目标”的第4个战略目标为：确保全纳公平的优质教育，推动全民终身教育。在此战略目标之下的具体目标4.3条中提到，“到2030年，确保所有人（女性和男性）都能平等地得到足够的、优质的技术教育、职业教育和第三级教育，包括大学教育”。因此，在“可持续发展目标”的框架中，高等教育阶段的“平等”是一个首要任务。联合国教科文组织的专家指出，高等教育中的平等不能仅仅看作入学权利的平等，而应当从第三级教育阶段的总体高度上来看待平等问题，将平等目标贯彻在高等教育的入学、在学、毕业的全过程之中。目前高等教育的扩张反而加剧了阶层分化，保守的第一流的高等教育机构通常只允许经过苛刻选择的少数精英学生进入，同时有意无意地忽视或削弱其他人的需求。因此，应当对所有国家的不同质量的高等教育机构的入学机会进行充分的监测，让那些来自不那么富裕的阶层的孩子能够平等地进入第一流的高等教育机构。

为了让政策目标和实际行动更好地保持一致，联合国教科文组织认为，应当认真地在方法论和技术层面思考如何开展后2015时代的教育监测问题。例如，EFA提出的高等教育毛入学率（GER）这一指标，可以刻画教育系统的容量，但并不能准确地描述高等教育的可进入性。相应地，适龄人口的毛录取率（GIR）和特定年龄人口的最大入学率（MaxASER）也许是更好的监测高等教育可进入性的指标。习惯上，极差和比率是最常用的刻画教育平等程度的指标，但从数据连续、容易计算和理解的角度来看，也许比值比（odd ratio）和集中度指数（consentration index）是更好的指标。因此，在“可持续发展目标”框架内，应当从教育平等的视角，重新评价和设计监测高等教育的指标体系。

此外，还应当更准确全面地廓清高等教育的范围，扩充现有的高等教育数据体系。例如，私立教育机构在许多国家已经成为高等教育的重要组成部分，但仍然缺乏质量控制的有效数据。如果缺乏数量庞大的私立高等教育机构的相关数据，显然高等教育的各项指标的可靠性、代表性、连续性将受到质疑。应当在这一方面投入更多的力量，以准确地评估和定位高等教育的未来发展。

2. 采取网络化的协同行动

高等教育在推进可持续发展的过程中一直发挥着独特而不可或缺的作用。从20世纪90年代开始，高等教育机构便一直有意识地计划和参与可持续发展的相关活动。可以看到，大学越来越多地在国家、地区和国际层面上建立网络，相互支持，以共同面对未来。目前，高等教育界已经在全球层面上发布了40多个联合宣言，组成各个层次的联盟或网络组织，推进相关行动。

基于1990年的《塔卢瓦尔宣言》成立的“为了可持续未来的大学领袖联合会”（Association of University Leaders for a Sustainable Future，ULSF），已有来自55个国家和地区的499所大学加入（截至2016年1月）；在欧洲范围内，源自1988年的《哥白尼宪章》的哥白尼联盟（COPERNICUS–Alliance），有欧洲37国的300多所大学参与。ULSF、IAU和COPERNICUS–Campus在联合国教科文组织的协助下，2000年发起了“全球为可持续发展的高等教育伙伴”组织（Global Higher Education for Sustainability Partnership，GHESP），并在2001年发表了《吕内堡宣言》，得到2002年在约翰内斯堡召开的“联合国可持续发展问题首脑会议”的承认，成为一项联合国计划。同时，在此次会议上，联合国大学、联合国教科文组织和 GHESP合作，发表了《乌班图宣言》。2005年起，随着联合国可持续发展教育十年（Decade of Education for Sustainable Development，DESD）的启动，联合国大学开始在世界范围内建立可持续发展教育区域中心（RCE），至今已建立了146个（其中中国3个）。

在次区域层面，欧洲波罗的海沿岸的14个国家在1991年即成立了“波罗的海沿岸国家大学行动计划”（Baltic University Programme），促进大学的可持续发展教育和研究。

在国家层面，一些国家的大学在可持续发展教育方面也建立了许多网络组织。例如，在英国，以环境友好的大学校园建设为中心，1996年成立了“大学环境协会”（Environmental Association for Universities and Colleges，EAUC），参与者包括200多所英国大学、100多个非政府组织和30多家企业。在美国，以减少温室气体排放为中心，2007年成立了“美国大学校长气候承诺”组织（American College and University Presidents’ Climate Commitment，ACUPCC），有665所大学签署了此承诺并开展行动。

在亚洲和非洲，高等教育中的可持续发展教育项目和行动也在向网络化、联盟化发展。在日本，2007年设立了“高等教育可持续发展论坛”（HESD Forum）组织，20余所大学参与其中；另外，以文部省主导，东京大学、北海道大学、茨城大学、京都大学、大阪大学5校为核心，2005年发起了“可持续发展科学综合研究”（IR3S）协同创新计划，开展气候变化、环境演变和循环社会建设方面的研究和教育活动；以环境省为主导，以日本8所大学为核心，联合亚太地区的18

所高等教育机构在2007年成立了“促进高等教育机构的可持续发展教育和研究”（ProSPER.net）网络计划，推进共同行动。中国台湾地区从2008年起实施绿色大学计划并在2013年由49所大学成立“台湾绿色大学联盟”；中国香港地区的8所公立大学在2010年成立了香港可持续校园协议会（HKSCC）。在联合国大学的推动下，“非洲可持续发展教育”（ESDA）自2008年启动，吸纳了8所非洲顶尖大学参与。

由此可见，从国际上看，因可持续发展相关的宣言而形成的大学网络（联盟）组织正在逐步增加，范围也从北美、西欧逐渐扩大到东亚、东南亚乃至非洲等地区。在“后2015时代”，高等教育面向可持续发展的行动将更多采取网络化、联盟化、共同化的形式。

3. 推动高等教育的变革与发展

联合国教科文组织指出，高等教育实际上是所有发展目标的重要支持因素。高等教育可以在所有层面和所有方面，为推动社会和经济发展提供支持。通过知识生产和人才培养，高等教育机构可以不局限于某一特定的部门，也不局限于某一特定的目标，而是跨领域地发挥作用。

要有效地发挥对可持续发展目标的支持作用，高等教育需要在地方、国家、区域和国际层面上参与应对可持续发展的挑战，不仅通过发展战略研究为好的政策提供参考，还应当通过亲身参与施行可持续发展目标关注领域的解决方案。例如，在南非，大学与乡村社区联动，帮助乡村女孩摆脱自卑，更好地融入社会。在一些小岛国家，大学帮助社区发展环境友好农业，既提升生活福祉又顾及自然保育的需求。

高等教育还需要在战略目标中纳入各方面利益相关者的要求，既要保证平等的可入性，又要保证高质量。一方面，高等教育机构应当满足不断增长的后高中教育阶段的教育需求；另一方面，还要注意满足那些通常受到忽视的边缘群体（如失能人群）的教育需求，确保教育的全纳性。

高等教育还需要更好地与社会联结并将高深知识转化为有益于可持续发展的实际影响。提供符合市场需求的（包括应对可持续发展挑战）、具有高度可用性的人才是社会对高等教育的期望。澳大利亚的案例表明，加强高等教育课程之间的整合，加强课程与外部社会的对接有助于回应这一需求。同时，提升高等教育的国际化程度，也有助于应对跨区域的共同性的发展挑战。

在全球化知识经济的时代，高等教育比以往更多地扮演着“发展的引擎”的角色。通过生产、转化和应用知识，设计、传播和实施政策，高等教育机构可以在地方、国家和国际层面很好地发挥作用，保持不同层次的发展目标与全球的可持续发展目标之间的一致性。从国际讨论的不同声音中已经可以清楚地看到，在高级别的教育战略中，强大的高等教育部门是达成将来的可持续发展目标框架规定的发展目标不可或缺的部分。

第二节　从理想到现实的绿色大学

一、绿色大学的理想模式

如果可以把大学哲学划分为精神、理念、使命三个相互联系的层面的话，推动社会的可持续发展显然是当代大学的重要使命。正是基于这样的认识，全世界的大学才会采取各种各样的行动，产生绿色大学的实践。

大学推动可持续发展的行动是多种多样的，例如行政管理、校园规划、校园运营、社区服务、采购、交通、建筑、教学、研究，等等，都可以成为大学参与可持续发展的渠道。通常，大学集中于某个方面来开展活动。

其实，大学行动的意义远远超越了具体的行动，超越了具体的大学。大学通过这些现实的行动，是在向社会发出强有力的信号，指出社会应当前进的方向。大学通过这些行动，“反映了大学对世界的批判和反思……使人更聪明，更明智，更深思慎行，更有德性，更负责任，更有批判性，并且能够终身学习”（UNESCO，1997）。大学正是以这种方式履行它对社会的责任。

作为前面所论述的所有问题的一个总结，也许可以在这里提出绿色大学的一个三维模式，它包含大学的行动、可持续发展思想和不同的组织层面三个方向。这三个方向构成了绿色大学的整体。

在大学参与可持续发展的活动中，最基本的层面就是考虑大学的运营和管理。大学是各种资源和能源的使用者和消费者，还依赖于各种各样的上游和下游的服务商为其提供服务。这里的措施可以包括诸如节约能源，回收垃圾，实施环境评价和管理等。这些是第一层次的活动。

在第二层次，大学开始把注意力转向它的核心：教学。教学的目的是培养“地球公民”，发展真正的智慧。在这一层次，可以考虑综合课程、本土知识和回归自然的措施。

第三层次与大学的科研有关。在这里，大学开始反思它的研究目的、研究内容和研究范式，实践有利于可持续发展的科研活动，并以此来促进社会的进步。这一层次的活动可以与层次一和层次二结合起来，将大学的运营管理作为教育和研究的一部分，而教育和研究也相互促进。

在第四层次大学开始把可持续发展的理念纳入它的目标和方针，并且依据可持续发展的要求制定大学的政策。大学通过改革和制定政策，为大学的可持续发展行动提供了制度保障。在这一层次，大学还应当考虑让大学以外的专家、社区和非政府组织参与其活动。在建立有力的机制保证可持续发展的行动，并且员工和学生积极参与的情况下，那么大学就应当（不是不情愿地）重新制订大学的远景规划，体现可持续发展的观念。无论在大学内部还是在大学所在的社会当中，这样做会有效地树立大学的可持续发展形象，让大学在社会中扮演一个真正的先行者。这是大学可持续发展行动的顶峰。

在第一个层次，通过一个有效的环境管理系统就可以履行大学的承诺。但是，实施环境管理和把环境意识纳入大学的现有理念，或把可持续发展当作大学的新理念来建设大学有着本质的区别（Roome，1998）。如果要把可持续发展的观念当成一个中心命题融入大学的研究、教学和管理中，那么仅仅采取环境管理的行动是不够的。

基于此，大学可以采取四种方法对可持续发展的挑战做出回应。

（1）管理的方法，通过这种方法，大学致力于降低环境影响，至少不会成为可持续发展的自然基础的破坏者。

（2）教育的方法，通过这种方法，大学可以让人和学科对可持续发展的挑战做出最积极、最适当的回应。

（3）研究的方法，通过这种方法，大学可以改变人对世界、对科学的看法，并且为建设可持续发展提供有力的工具。

（4）文化的方法，通过这种方法，大学开始把可持续发展纳入大学生活的方方面面，并且建立起一种全新的组织文化，最终推进全社会的可持续发展。

这四种方法既相互区别又相互联系。其中，教育的方法应当是大学的核心。也只有把教育的方法作为核心，才能真正把四种方法有机地、完整地结合在一起，让大学成为“绿色大学”，成为可持续发展的鼓吹者、保护者、推动者、实践者。可持续发展并非钻研高深学问的大学提出来的，而是政治家们提出来的。与其说它是一个科学概念，不如说它是一个政治口号。但是，可持续发展从学术界获得的支持——无论是从正面还是反面——都是空前的。可持续发展首先取得了政治家们的认同，反过来又吸引了科学家的研究兴趣。在其科学意义未完全澄清之时，可持续发展就走上了全球实践的舞台。21世纪必将成为可持续发展的重要时代。这就促使置身于这种实践的所有机构、团体、个人不得不面对可持续发展的挑战，大学亦概莫能外。可持续发展理论要调整的是生态、经济、社会三者的关系，因此它的最大挑战就是，每一个机构、团体、个人的行为必须同时考虑对这三者的影响，保证不损害任何一方。

二、中国绿色大学的建设路径

一方面与国际背景相呼应，另一方面与中国的国情相结合，中国的绿色大学建设自产生以来，一直在探索中前进。尽管没有详细的统计，但就公开的资料估计，有100所以上的中国高等教育机构声称自己正在进行绿色大学的建设活动，或已经取得地方性的绿色大学称号。例如，北京林业大学提出绿色教育教学、绿色科学研究、绿色文化传播、绿色校园建设四位一体、相互促进的绿色大学建设之路。哈尔滨工业大学则强调“绿色规划”“绿色管理”“绿色人才”“绿色科技”“绿色校园”“校园绿色生活方式”。中国海洋大学、对外经济贸易大学、西南交通大学、北京师范大学、北京交通大学、上海交通大学、中国农业大学等则注重校园环境管理，从节水、节电、新能源应用、建筑物能效提高、校园空气质量控制、绿色采购、全校环境管理系统营建等方面入手，提倡节约资源和能源，打造低碳校园。新疆、广西、武汉、大连等地还出台了地方性的政策文件，规定绿色大学建设的内容和标准。在为数众多的这些“绿色大学”中，清华大学和北京大学是行动的先锋和开拓者，也是现阶段中国绿色大学建设的典型代表。

观察中国大学的相关活动主题与计划，可以发现，大多数脱离不了清华大学提出的教学—科研—校园的三位模式，其中又以开展校园环境管理和发展教育计划最为常见。显然，在大学参与可持续发展的活动中，最基本的层面就是考虑大学的运营、管理和教育计划。毋庸置疑，大学是各种资源和能源的使用者和消费者，还依赖于各种各样的上游和下游的服务商为其提供服务，会对环境产生重要的影响。此外，对高深知识的传递（教学）是大学存在的重要基石，因此，各类大学亦重视通过增设课程、调整内容、联系实际等方式，促进大学教学向可持续方向转变。

毋庸置疑的是，“绿色大学”代表了大学教育面向可持续发展方向的一次变革。当人类历史波澜壮阔地迈向可持续发展的时候，作为“社会轴心”的大学，比其他任何社会组织都更应当把自己放在可持续发展的洪炉中加以锻炼，从可持续发展的视角和框架，来审视、反思和调适自己。如果把大学哲学划分为精神、理念、使命三个相互联系的层面的话，推动社会的可持续发展显然是当代大学的重要使命。正是基于这样的认识，全世界的大学才会采取各种各样的行动，产生绿色大学的实践。

但是，综合国际背景和中国大学的具体行动，考虑到大学的使命和功能，若将大学的行动仅仅停留在运营管理和教育教学两个层面显然是不够的。对大学来说，维持现状“可持续地发展下去”并不困难，但要求更多地对社会和环境负起责任，“可持续发展”就不是那么容易了——因为这需要变革。如果把大学的基本性质放到可持续发展的思想框架中来看，大学需要在运营管理、教育教学、科学研究、校园文化和社会服务五个方面都采取行动，发生变革，才能够顺应可持续发展的要求，称得上“绿色大学”。

从一般性的角度来看，无论是提出口号、制定目标，还是采取行动、实施计划，大学的相关行动都对促进中国社会的可持续发展具有积极的意义。同时，如果能够将宏观和中观层面的主张转化成微观层面的具体措施并成功实施，那么其所具有的示范意义无疑是非凡而影响深远的。但是遗憾的是，根据研究，几乎所有的口号、目标或宪章在现实中都没有得到全面有效的实施。或者说，几乎没有一所中国大学能够成功地将自己所声称的理念纳入自身实践中。

显然，让大学变得更“可持续发展”的过程并不会是一帆风顺的，而是充满了来自许多方面的阻力、矛盾和冲突。从不同案例中揭示的状况来看，中国大学复杂的组织结构和对可持续发展不充分的认识状况可能是影响“可持续发展大学”的主要问题，同时也派生出其他问题。作为具有重要影响的学术机构，中国大学在采取行动时总是相当谨慎的。另外，有些大学只是将这些行动、主张、口号当作提升大学声望的一个手段，并不采取实质性的行动来实现“绿色”。这也使得人们怀疑大学能否真正承担它所声称的社会责任。由此来看，中国目前的“绿色大学”建设仍然处于初级阶段，尚未能够真正成为面向可持续发展的大学。

毫无疑问，大学（高等教育机构）在可持续发展事业中扮演着重要的角色。“难以想象，如果没有大学（高等教育机构）作为可持续性的示范，为创建可持续的未来所需要的个体和社会的改变将何以发生。”同样毫无疑问的是，作为一个整体，大学/高等教育界已经充分意识到自身的作用，并且就此达成了广泛的共识，也采取了一些积极的行动。

不过，就目前来看，虽然已经发布或签署了多部宣言，但大学并未真正成为可持续发展的“火车头”。正如阿拉巴斯特和布莱尔

（Tony Alabaster & Derek Blair，1996）所说，“令人惊讶的是，大学（高等教育机构）对绿色行动的反应滞后于其他部门（例如企业）。这使我们产生一个疑问，究竟大学（高等教育机构）能在多大程度上在这一趋势中扮演如它声称的那样的领导角色”。签署一份宣言或声明并不能证明大学就会比其他机构更接近可持续发展，大学还需要采取更多、更具体的行动，真正负起对可持续发展的责任。

尽管在实际中，让大学变得更“可持续发展”面临着多种多样的困难，但大学的保守性恐怕才是阻碍这一过程最根本的原因。作为保守的学术机构，大学在采取行动的时候总是相当谨慎的。“如果没有强有力的外部影响，大学（高等教育机构）并不会足够大，或足够快地改变自己的方向。”从某种意义上说，大学也许是社会中最难变革的机构，其变化“就如同大洋中的巨型油轮掉头一样缓慢”。前哈佛大学校长博克（Derek Bok，1990）曾论述道：“我们的大学在追求那些较容易的、与已有的学术和社会重点相一致的内容方面表现是优秀的。反过来，当社会需要并不是那么清楚地被认识到，或是没有充足的资金支持的时候，大学（高等教育机构）通常并不能尽快做出有效的反应，即使这些挑战极端重要。”

但是，从历史上看，“引导社会向前发展”是大学应予完成的使命。在知识越来越重要的世界上，高深知识和研究越来越与个人、社会和国家在环境、社会、文化和经济方面的可持续发展密切结合在一起，从而使得大学也与社会的需要紧密联系在一起。这也是人们对大学寄予“催生可持续社会”的厚望的原因。大学必须认识到，“之所以要负起责任并不仅仅是因为应当这样做，而且因为这是自身的使命”。若大学仅仅把可持续发展的行动、主张、口号当作提升大学声望的一个手段，“把签署宣言当作是一个公关机会，而对全面引入可持续发展观念的努力漠不关心”，那么即使在最低限度上，大学也不可能成长为“一个明智并有效地利用资源的机构、一个积极寻求环境问题解决方法的机构、一个把环境责任视为其使命之一的机构、一个为了明天的学术机构……”

基于以上讨论，根据中国国情，从国家层面来看，中国的“绿色大学”需要由相关主管部门建立适当的运行系统、动力系统和保障系统，使之能够持续健康地发展。在这一过程中，教育部门应当发挥行政主导作用，生态环境部门则应当发挥技术支持作用。

1. 在运行系统方面，应当制定、完善和明确相关政策，为“绿色大学”的发展提供明确的发展方向和良好的后备支持

国家层面的有关政策文件是大学开展创建工作的关键依据和行动指南，也是“绿色大学”的创建工作能否由点到面、全面丰收的基本起点。因此，应当由相关主管部门制定有关文件，将“绿色大学”的发展纳入有序、稳定、持续的轨道。

行动建议：

◇ 把“绿色大学”的创建活动纳入相关主管部门相应领域的中长期发展规划中。

◇ 参照国际性的有关宣言和文件，制定和颁布“绿色大学”的国家行动纲要。

◇ 由相关主管部门建立完整的“绿色大学”指标体系。

◇ 由相关主管部门联合建立“绿色大学”的评定和命名机制。

2. 在动力系统方面，应当建立“绿色大学”建设的内部和外部激励机制，使不同层次和类型的高等教育机构都能够并且乐于参与“绿色大学”的建设工作

尽管对“绿色大学”的重要性认识较多，但在实际操作过程中也遇到很多困难。因此，应当由教育部和生态环境部有计划、有步骤地组织和依靠专业研究人员，投入适当的经费，甚至成立专门的基金会，鼓励大学参与此项活动。

行动建议：

- ◇ 建立由第三方评定的大学可持续发展评价体系和排行榜，定期向社会公布结果。
- ◇ 在“全国教育科学规划课题”“教育部人文社会科学研究项目”等现有框架内，定期或不定期地设立“绿色大学专项研究”。
- ◇ 在高等学校课程建设、教学评估等已有机制中，纳入“绿色大学”创建的有关内容，如国家精品课程建设、网络课程建设、国家级教学团队建设、本科教学评估等。
- ◇ 选择具有示范作用的高等院校，开展“绿色大学”的试点创建工作。
- ◇ 把“绿色大学”的相关内容纳入大学评价体系，倡导大学的“绿色度”排名。
- ◇ 将“绿色大学”的创建作为全民环境教育行动的重要组成部分，倡导在社会上设计多种“绿色大学”奖项，如“最具环境责任感的大学校长”“最高环境道德意识”等。

3. 在保障系统方面，应当设计多层次、多类型的运作平台和支持体制，让“绿色大学”的创建活动能够有充分有效地开展

目前，全世界有许多大学在开展“绿色大学”的创建活动，其中有许多学校的做法和经验，经过适当的加工和升华，完全可以成为中国大学借鉴的有效模式。但是，目前在国内既缺乏统整的，也缺乏分类的“绿色大学”交流平台。因此，应当在国家和地区层面上建立不同级别的“绿色”学校的信息收集、整理和交流的中心，另外，构建与国外相关组织的对话平台，让“绿色”的经验能够顺利地进行交流、合作和传播。

行动建议：

◇ 成立中国的“绿色大学联盟”或相关协会组织。

◇ 定期举办“绿色大学国际研讨会”，与国际对话。

◇ 创办“绿色大学”的有关报刊，或利用现有相关报刊，开辟“绿色大学”专栏。

◇ 成立“绿色大学”基金，支持相关行动。

◇ 从现有高等院校、研究机构、行政机关中选取有关专家，组成稳定而具有权威性的“绿色大学”智库。

参考文献

中文部分

[1] 包国庆.大学理念：世纪门槛上国家富有或贫穷的抉择[J]. 现代大学教育，1999（4）：14−18.

[2] 邴正，孟春. 追寻大学的理想——论校园文化建设与精神文明建设的关系[J]. 现代教育科学，2002（1）：6−9.

[3] 曹光章. 马克思主义哲学视野中的可持续发展[D]. 中国社会科学院研究生院，2002.

[4] 曹迎霞. 自由教育思想及其对我国高等教育改革的启示[J]. 现代大学教育，1998（6）：21−23.

[5] 谌克祥，曹鸿飞. 可持续发展的哲学研究综述[J]. 湘潭师范学院学报：社会科学版，2002（1）：27−31.

[6] 车生泉. 绿色文化探析[J]. 环境导报，1998（4）：4−6.

[7] 陈献一. 人的发展是可持续发展的核心[J]. 安徽大学学报：哲学社会科学版，1999（5）：26−29.

[8] 陈瑶. 教师的"价值中立"——读马克斯・韦伯《以学术为业》随感[J]. 云南高教研究，2000（2）：19−20.

[9] 程功. 论大学校园文化主要功能[J]. 现代教育科学，1997（1）：21−22.

[10] 成元君."价值中立（Value free）"接受史简析[J]. 武汉理工大学

学报：社会科学版，2001，14（5）：428−433.

[11] 戴志仁，张明. 略论知识经济的可持续发展本质[J]. 安徽大学学报：哲学社会科学版，2000，24（1）：19−22.

[12] 德森，李霞. 关于环境的ISO14000标准及其动向[J]. 环境教育，1997（3）：46−44.

[13] 邓艾，赵晓芳. 可持续发展观：形成及背景[J]. 西北民族学院学报：哲学社会科学版，1999（2）：56−62.

[14] 杜作润. 中国大学理想的回首与新探[J]. 高等工程教育研究，1997（3）：15−20.

[15] 冯以浤. 地理教育国际宪章[J]. 地理学报，1993（4）：3−10.

[16] 高瑞南. 教育价值观和大学理想[J]. 山东行政学院学报，2002（2）：87−88.

[17] 高慎英. 自由教育的传统及其流变[J]. 玉林师范学院学报，2000（4）：28−32.

[18] 高晓清，杜晓利. 论大学科研[J]. 高教探索，2001（1）：54−57.

[19] 戈罗斯蒂亚加，江小平. 二十一世纪地球村的公民[J]. 国外社会科学，1997（1）：65−66.

[20] 顾明远. 大学的理想和高等教育改革[J]. 现代教育科学，1997（9）：14−19.

[21] 韩永学. 可持续发展的地理学阐释[J]. 哈尔滨学院学报，1997（3）：50−51.

[22] 何中华. 现代语境中的大学精神及其悖论[J]. 文史哲，2002（1）：9−16.

[23] 侯宝顺. 校园文化与大学教育[J]. 河南社会科学，2001，9（5）：

95−97.

[24] 侯迎忠，赵志明. 西方新闻专业主义初探[J]. 当代传播：汉文版，2003（4）：55−57.

[25] 胡银根. 论大学的理想[J]. 大学教育科学，1999（1）：2−6.

[26] 黄明同，周薇. 可持续发展与生态文明道德观[J]. 广东社会科学，1997（5）：70−75.

[27] 黄宇. 绿色学校的内涵及其创建[J]. 环境教育，2001（1）：11−14.

[28] 黄宇. 国际环境教育的发展与中国的绿色学校[J]. 比较教育研究，2003，24（1）：23−27.

[29] 黄宇. 可持续发展视野中的大学：绿色大学的理论与实践[M]. 北京：北京师范大学出版社，2012：79−80，37−44.

[30] 季诚钧. 试论高等教育观的三个嬗变[J]. 浙江师范大学学报：社会科学版，2001，26（1）：100−103.

[31] 蒋纯焦，陈晓珊. 找寻大学精神——对新中国高等教育的一种历史考索[J]. 河北师范大学学报：教育科学版，2001，3（2）：76−82.

[32] 江涛. 科学：是价值中立，还是负荷价值[J]. 中共中央党校学报，1997（2）：25−32.

[33] 金俊岐，李清富. 是科学教育，还是自由教育——对赫胥黎教育思想的再认识[J]. 河南师范大学学报：哲学社会科学版，1999（5）：87−91.

[34] 金薇吟. 高校科研价值功能的多向辐射[J]. 江苏高教，1999（5）：87−89.

[35] 金秀芳. 洪堡人文主义理想在德国大学中的体现[J]. 德国研究，2001，16（1）：67−71+80.

[36] 劳长春. 漫谈ISO14000环境管理体系[J]. 家电科技，2002（8）：50−51.

[37] 雷冬玉，胡弼成. 大学使命与大学追求[J]. 江苏高教，2001（2）：25−28.

[38] 黎琳. 高等教育价值观演变与现代大学理念[J]. 现代教育科学，2000（3）：3−7.

[39] 李承先. 自然人・社会人・自然人——关于“教育回归自然”的哲学人类学分析[J]. 中国教育学刊，2002（6）：5−6.

[40] 李春萍. 分工视角中的学术职业[J]. 高等教育研究，2002（6）：21−25.

[41] 李延保.现代大学精神和大学的文化传统与品格[J]. 中国大学教学，2002（5）：11−14.

[42] 廖福霖. 加强大学生生态文明教育[J]. 中国林业教育，2001（6）：29−31.

[43] 刘爱荣. 知识经济时代大学的地位、使命与功能[J]. 现代教育管理，2000（3）：40−41.

[44] 刘东风. 一种有着持续影响的知识观——读《大学的理想・知识即目的》有感[J]. 青海民族大学学报：社会科学版，2003，29（1）：119−122.

[45] 刘革，孙厚才，孔新役. 关于生态文明与教育问题的思考[J]. 现代教育管理，2002（5）：32−34.

[46] 刘贵华. 生态哲学与大学教育思想变革[J]. 高教探索，2001（3）：

20-23.

[47] 刘贵华，薛天祥. 高校教学与科研关系演变的历史轨迹[J]. 中国农业教育，2002（1）：13-15.

[48] 刘贵华. 西方高等教育哲学的困境与大学学术“生态合理性”的确证[J]. 比较教育研究，2002，23（3）：1-6.

[49] 刘华，张亮.“学者的使命”与“价值中立”[J]. 唯实，2002（3）：32-34.

[50] 刘继和. 国际环境教育发展历程简顾——以重要国际环境教育会议为中心[J]. 环境教育，2000（1）：38-41.

[51] 刘莉莉，李小平，贾永堂，等. 知识经济对大学教育的挑战——第七届大学教育思想研讨会综述[J]. 高等教育研究，1999（1）：24-27.

[52] 刘莉莉. 大学科研与教学关系的再审视[J]. 高教探索，2000（2）：36-39.

[53] 刘小英. 科技发展的负面效应与可持续发展理论的文化背景[J]. 理论月刊，1999（4）：15-16.

[54] 刘学军. 试析马克斯·韦伯的“价值中立”说[J]. 中国农业大学学报：社会科学版，2001（2）：59-66.

[55] 刘以恒，伍贻兆. 人文精神与大学教育思想的转变[J]. 教育发展研究，1997（8）：33-36.

[56] 刘振天. 关于大学理念的再思考——新中国高教改革发展道路的反思与展望[J]. 教师教育研究，1997（5）：31-38.

[57] 刘振天. 提高质量：21世纪高等教育改革与发展的主旋律——99中国南京“大学教育思想国际研讨会”综述[J]. 高等教育研究，

2000（1）：65−68.

[58] 楼慧心. 现实对策与理想境界——试论“可持续发展”的两重含义[J]. 自然辩证法研究，1999（12）：34−36.

[59] 娄玉芹. 知识经济与可持续发展的契合[J]. 自然辩证法研究，1999（10）：55−58.

[60] 卢萍. 论经济可持续性发展与公民环境道德建设[J]. 辽宁大学学报：哲学社会科学版，2002，30（6）：19−21.

[61] 卢秉利. 大学校园文化及其内在机制[J]. 武陵学刊，1998（5）：93−95.

[62] 罗岗. 危机时刻的大学精神——重读蔡元培[J]. 杭州师范大学学报：社会科学版，2003（1）：27−31.

[63] 马龙海. 21世纪初建设中国一流大学的理想与目标[J]. 北方论丛，2003（1）：110−113.

[64] 马钦荣. 大学的使命：科技、人文、伦理的整合教育[J]. 教师教育研究，2002，14（5）：1−4.

[65] 冒荣，赵群. 两次学术革命与研究型大学的发展[J]. 高等教育研究，2003（1）：7−11.

[66] 孟丽菊. 从中西大学功能演变看知识经济时代大学的使命[J]. 辽宁师范大学学报：社会科学版，2001，24（1）：44−47.

[67] 闵维方. 发展知识经济的关键与大学的使命[J]. 教育研究，1998（9）：29−33.

[68] 聂社军，张红. 科学研究在大学教育中的地位和作用[J]. 湖北工程学院学报，2001，21（4）：69−71.

[69] 潘懋元. 可持续发展的高等教育改革[J]. 现代教育管理，1997

（4）：10–13.

[70] 钱易，唐孝炎. 环境保护与可持续发展[M]. 北京：高等教育出版社，2000：137–138.

[71] 强国力. 试论文化与高等教育价值观的互动——我国面向21世纪的大学教育理想[J]. 沈阳师范大学学报：社会科学版，1999（4）：85–88.

[72] 邱耕田. 对生态文明的再认识——兼与申曙光等人商榷[J]. 求索，1997（2）：84–87.

[73] 邱梦华. 从“小科学”到“大科学”——科学中立吗？[J]. 科学经济社会，2003，21（2）：70–74.

[74] 邱毅. 再谈大学的服务职能——读布鲁贝克《高等教育哲学》有感[J]. 设计艺术研究，2001，20（5）：41–43.

[75] 史华楠. 论大学校园文化的教育功能[J]. 江苏高教，1998（2）：75–77.

[76] 石中英. 本土知识与教育改革[J]. 教育研究，2001（8）：13–18.

[77] 石中英. 自由教育三题[J]. 湖南师范大学教育科学学报，2003，2（1）：3–7.

[78] 宋钺. 高等教育与继续教育的一项重要任务——加强可持续发展思想教育[J]. 继续教育，2001（4）：8–9.

[79] 眭依凡. 关于大学组织特性的理性思考[J]. 高等教育研究，2000（4）：49–52.

[80] 眭依凡. 大学理念的哲学基础及大学理念的偏失[J]. 江苏高教，2000（5）：13–18.

[81] 眭依凡. 大学使命：大学的定位理念及实践意义[J]. 教育发展研

究，2000（9）：18-22.

[82] 孙显元. 论知识经济的基础和前提[J]. 学术界，1998（6）：15-18.

[83] 涂晓群. 论大学校园文化[J]. 江西科技师范大学学报，1999（1）：58-61.

[84] 涂艳国. 试论古典自由教育的含义[J]. 清华大学教育研究，1999（3）：15-18.

[85] 王朝科. 可持续发展与环境保护：高等教育当前的形势和今后的选择[J]. 贵州大学学报：社会科学版，2000，18（2）：23-27.

[86] 王传旭. 从大学的发展看未来大学的理想[J]. 淮南师范学院学报，2001，3（1）：1-4.

[87] 王大中. 创建“绿色大学”实现可持续发展[J]. 清华大学教育研究，1998（4）：5-9.

[88] 王端庆. 世界高等教育理念的发展与我国高等教育改革[J]. 河北大学学报：哲学社会科学版，2000（4）：11-20.

[89] 王洪才. 论可持续发展战略与大学价值反思[J]. 江苏高教，1998（1）：20-23.

[90] 王晓华. 纽曼自由教育思想研究[J]. 清华大学教育研究，2001，22（4）：62-68.

[91] 王英杰. 挑战与应答：当前世界高等教育发展与改革述评——兼谈21世纪大学的理想[J]. 现代教育管理，1999（1）：35-37.

[92] 王英杰. 规律与启示——关于建设世界一流大学的若干思考[J]. 比较教育研究，2001，22（7）：1-8.

[93] 王新山. 论大学校园文化的特征与功能[J]. 高等建筑教育，1997

（2）：57-58.

[94] 文兴吾. 中国可持续发展与消费文化变革[J]. 中华文化论坛，2000（4）：9-13.

[95] 肖川. 大学的理想与使命[J]. 中国校外教育：理论，2007（1）：16-19.

[96] 肖海涛. 大学理想演变的历史轨迹[J]. 高等教育研究，2000（1）：104-108.

[97] 肖海涛. 试论中国古典大学的理想[J]. 中国大学教学，2000（3）：36-40.

[98] 谢小波. 试论竺可桢的大学理想[J]. 大学教育科学，2001，2（2）：24-27.

[99] 邢媛. 论“可持续发展”理念的后现代文化意识[J]. 自然辩证法研究，1998（7）：19-23.

[100] 邢媛. 论人的普遍关怀——从可持续发展理念的观点看[J]. 自然辩证法研究，1999（9）：3-7.

[101] 熊术新，李翔. 美国教育现状与大学使命[J]. 云南高教研究，1998（3）.

[102] 许建领. 高校课程综合化的渊源及实质[J]. 教育研究，2000（3）：48-53.

[103] 许智宏. 中国大学的历史使命和发展前景[J]. 中国大学教学，2002（9）：5-8.

[104] 徐警武，别敦荣. 大学素质教育新视角：促进大学生的可持续发展[J]. 大学教育科学，2000（4）：12-16.

[105] 徐军. 知识经济初探[J]. 学术界，1998（6）：19-22.

[106] 徐晓村，郑培爱，常英. 论大学的校园文化建设[J]. 中国农业大学学报：社会科学版，2002（4）：78−81.

[107] 徐小洲，王晨. 西方高等教育认识论的哲学基础[J]. 教育研究，2001（8）：69−72.

[108] 徐中民，张志强. 甘肃省1998年生态足迹计算与分析[J]. 地理学报，2000（5）：607−616.

[109] 徐中民，程国栋，张志强. 生态足迹方法：可持续性定量研究的新方法：以张掖地区1995年的生态足迹计算为例[J]. 生态学报，2001，21（9）：1484−1493.

[110] 郇庆治. 欧洲绿党的政治前景[J]. 欧洲研究，1998（3）：78−84.

[111] 杨开忠，杨咏，陈洁. 生态足迹分析理论与方法[J]. 地球科学进展，2000，15（6）：630−636.

[112] 杨通进. 环境伦理与绿色文明[J]. 生态经济：中文版，2000（1）：44−47.

[113] 杨移贻. 大学存在的哲学基础：大学教育思想的深层思考[J]. 江苏高教，1999（1）：25−29.

[114] 杨作精. “绿色行政”与ISO14001环境管理[J]. 环境保护，2001（10）：5−6.

[115] 姚启和. 知识经济与转变大学教育思想[J]. 高等教育研究，1998（6）：8−12.

[116] 叶信治. 引导社会：21世纪凸显的大学使命[J]. 福建师范大学学报：哲学社会科学版，2002（2）：46−50.

[117] 易晓波. 可持续发展观本质上是一种创新观[J]. 哲学动态，1998（8）：23−25.

[118] 尹晓红. 汉语表绿色词及其文化含义[J]. 广播电视大学学报：哲学社会科学版，2000（2）：79-81.

[119] 由长延. 试谈大学理想变迁[J]. 南通职业大学学报，1999（3）：8-9.

[120] 余凯. 当代哲学背景中的大学教育[J]. 比较教育研究，2002，23（10）：1-6.

[121] 余凯. 镜与灯：论大学的历史使命——重申理想主义[J]. 北京科技大学学报：社会科学版，2003，19（1）：39-42.

[122] 张楚廷. 大学的可持续发展[J]. 湖南师范大学社会科学学报，1997（4）：76-80.

[123] 张劲. 可持续发展与教育[J]. 信阳师范学院学报：哲学社会科学版，1998（2）：61-64.

[124] 张金福. 论大学的科学研究——兼论教学与科研的结合问题[J]. 社会科学家，2001（4）：48-53.

[125] 张明. 大学：人类精神理想的家园[J]. 现代传播-中国传媒大学学报，2002（5）：115-118.

[126] 张新民，段雄. 绿色制造技术的概念、内涵及其哲学意义[J]. 科学技术哲学研究，2002，19（1）：47-50.

[127] 张学广. 人与自然关系对教育的影响[J]. 理论导刊，2003（1）：59-61.

[128] 张燕. 从“大师精神”看大学精神[J]. 昆明学院学报，2001，23（3）：41-44.

[129] 张远增. 绿色学校评价几个相关问题的初步研究[J]. 环境教育，1999（4）：17-19.

[130] 张志强，徐中民，程国栋. 生态足迹的概念及计算模型[J]. 生态经济：中文版，2000（10）：8-10.

[131] 章牧. 论可持续发展的社会文化属性[J]. 福建师范大学学报：哲学社会科学版，2001（3）：107-111.

[132] 赵甲明. 对中国可持续发展的文化思考[J]. 清华大学学报：哲学社会科学版，1998（3）：57-59.

[133] 赵康. 专业、专业属性及判断成熟专业的六条标准——一个社会学角度的分析[J]. 社会学研究，2000（5）：32-41.

[134] 赵乐静. 论科学研究中的利益冲突[J]. 自然辩证法研究，2001，17（8）：32-40.

[135] 赵婷婷. 市场经济及功利主义对经典大学理想的冲击[J]. 河北大学学报：哲学社会科学版，2000（4）：21-25.

[136] 赵新梅. 自由教育——从历史到现实[J]. 教育评论，1999（5）：4-6.

[137] 钟小石. 论科学的“价值中立”性[J]. 江西社会科学，2001（3）：108-110.

[138] 周德群，陈宝书. 对可持续发展几个关键概念的讨论[J]. 科学管理研究，1997（4）：29-33.

[139] 周国文. 浅议大学教育的理想主义精神之缺失[J]. 福建教育学院学报，2001，2（4）：23-25.

[140] 周鸿. 文明的生态学分析与绿色文化[J]. 应用生态学报，1997（s1）：82-88.

[141] 周均平. 论人与自然的本原性和谐——自然之所以美的一个重要原因[J]. 山东师范大学学报：人文社会科学版，2002，47

（4）：28–31.
[142] 周毅. 解决全球与中国问题的必由之路：可持续发展[J]. 学术界，1998（2）：76–83.
[143] 周一农. “绿色”的扩张[J]. 语文建设，2000（1）：11–12.
[144] 朱睿，邹珊刚. 可持续发展的思想内涵与理论框架初探[J]. 软科学，1997（1）：50–52.
[145] 朱新卓. “教师专业发展”观批判[J]. 教育理论与实践，2002（8）：32–36.
[146] 曾冬梅. 可持续发展与大学教育观的变革[J]. 广西社会科学，1998（2）：112–115.
[147] 曾红鹰. 环境教育思想的新发展——欧洲“生态学校”（绿色学校）计划的发展概况[J]. 环境教育，1999（4）：12–16.

英文部分

[1] Alabaster, T. and Blair, D.J. Greening the university [M]// Education for sustainability. London: Earthscan Publications. 1996: 86–104.
[2] Balsas C. J. L. Towards more sustainable transportation[J]. International Journal of Sustainability in Higher Education, 2001, 2 (4): 316–328.
[3] Barnes N. J., Phillips P. S.. Higher education partnerships: Creating

new value in the environment sector[J]. International Journal of Sustainability in Higher Education, 2000, 1 (1): 182–190.

[4] Boer P.. Assessing Sustainability and Social Responsibility in Higher Education Assessment Frameworks Explained[M]// Sustainability Assessment Tools in Higher Education Institutions, 2013: 121–137.

[5] Bonevac D.. Is Sustainability Sustainable? [J]. Academic Questions, 2010, 23 (1): 84–101.

[6] Corcoran P. B., Wals A. E. J.. The Problematics of Sustainability in Higher Education: An Introduction.In Higher Education and the Challenge of Sustainability[M]. Springer Netherlands, 2004: 3–6.

[7] Davis S. A., Edmister J. H., Sullivan K., et al.. Educating sustainable societies for the twenty–first century[J]. International Journal of Sustainability in Higher Education, 2013, 4 (2): 169–179.

[8] D'Auria A. J.. City networks and sustainability—The role of knowledge and of cultural heritage in globalization[J]. International Journal of Sustainability in Higher Education, 2001, 2 (1): 38–47.

[9] Eagan P., Cook T., Joeres E.. Teaching the importance of culture and interdisciplinary education for sustainable development[J]. International Journal of Sustainability in Higher Education, 2002, 3 (1): 48–66.

[10] Farley Heather M., Smith, Zachary A.. Sustainability: if it's everything, is it nothing? [M]. Routledge, 2013: 20–35.

[11] Federkeil G., Vught F. A. V., Westerheijden D. F.. An Evaluation and Critique of Current Rankings[M]// Multidimensional Ranking. Springer Netherlands, 2012: 39–70.

[12] Ferrer–Balas D., Buckland H., Mingo M. D.. Explorations on the University's role in society for sustainable development through a systems transition approach. Case–study of the Technical University of Catalonia (UPC)[J]. Journal of Cleaner Production, 2009, 17 (12): 1075–1085.

[13] Fien J.. Advancing sustainability in higher education[J]. Higher Education Policy, 2002, 15 (2): 143–152.

[14] Filho W. L.. Dealing with misconceptions on the concept of sustainability[J]. International Journal of Sustainability in Higher Education, 2000, 1 (1): 9–19.

[15] Fisher R. M.. Applying ISO 14001 as a business tool for campus sustainability: A case study from New Zealand[J]. International Journal of Sustainability in Higher Education, 2003, 4 (2): 138–150.

[16] Flint K.. Institutional ecological footprint analysis-A case study of the University of Newcastle, Australia[J]. International Journal of Sustainability in Higher Education, 2001, 2 (1): 48–62.

[17] Flint R. W., Mccarter W, Bonniwell T. Interdisciplinary education in sustainability: links in secondary and higher education[J]. International Journal of Sustainability in Higher Education, 2000, 1 (2): 191–202.

[18] Grablowitz A., Rudeloff M., Voss G.. A case study on research for sustainable management: The funding priority "Corporate instruments for sustainable management" [J]. International Journal of Sustainability in Higher Education, 2002, 3 (1): 75–83.

[19] Graedel T. E.. Quantitative sustainability in a college or university setting[J]. International Journal of Sustainability in Higher Education, 2002, 3 (4): 346–358.

[20] Green League [EB/OL]. [2016–12–8]. http: //www.eauc.org.uk/the_green_league_2007.

[21] Green Metric [EB/OL]. [2016–12–8]. http: //greenmetric.ui.ac.id/archieve/.

[22] Grindsted T. S. Sustainable Universities–From Declarations on Sustainability in Higher Education to National Law[J]. Social Science Electronic Publishing, 2011, 2 (2): 29–36.

[23] Hak, T., Moldan, B., Dahl, A.L.. Sustainability Indicators: A Scientific Assessment, Scientific Committee on Problems of the Environment (SCOPE) Series [M]. Washington and London: Island Press, 2007: 361–369.

[24] Hansmann R., Mieg H. A., Crott H. W., et al.. Shifting students'to experts'complex systems knowledge[J]. International Journal of Sustainability in Higher Education, 2013, 4 (2): 151–168.

[25] Hardin, G.. The Tragedy of the Commons[J]. Science New Series, 1968, 162 (3859): 1243–1248.

[26] Hardin, G.. Second Thoughts on the "Tragedy of the Commons" [M]. In Valuing the Earth, Cambridge: MIT Press. 1993: 146–151.

[27] Herremans I., Allwright D. E.. Environmental management systems at North American universities[J]. International Journal of Sustainability in Higher Education, 2000, 1 (2): 168–181.

[28] Hin-Ming Ho. Environmental initiatives and further educational possibilities within the campus of the Hong Kong Polytechnic University[J]. International Journal of Sustainability in Higher Education, 2002, 3 (2): 164–173.

[29] Holdsworth, S., Caswell, T.. Protecting the Future: Stories of Sustainability from RMIT University [M]. Collingwood, VIC. Australia: CSIRO Publishing, 2004: 177–193.

[30] Huitema D., Jeliazkova M., Westerheijden D. F.. Phases, levels and circles in policy development: the cases of higher education and environmental quality assurance[J]. Higher Education Policy, 2002, 15 (2): 197–215.

[31] Koshy K. C., Nor N. M., Sibly S., et al.. An Indicator—Based Approach to Sustainability Monitoring and Mainstreaming at Universiti Sains Malaysia[M]// Sustainability Assessment Tools in Higher Education Institutions. Springer International Publishing, 2013: 237–258.

[32] Kuhlman T., Farrington J.. What is Sustainability? [J]. Sustainability, 2010, 2 (11): 36–41.

[33] Intrachooto S., Arons D.. Nurturing green innovations for academic institutions[J]. International Journal of Sustainability in Higher Education, 2002, 3 (2): 155−163.

[34] Jucker R.. “Sustainability? Never heard of it!” : Some basics we shouldn’t ignore, when engaging in education for sustainability[J]. International Journal of Sustainability in Higher Education, 2002, 3 (1): 8−18.

[35] Kliucininkas L.. Assessment of sustainability-Studies at universities and colleges in Lithuania[J]. International Journal of Sustainability in Higher Education, 2001, 2 (3): 250−256.

[36] Korvin G., Choudhury M. A.. Sustainability in knowledge-centered socio-scientific systems[J]. International Journal of Sustainability in Higher Education, 2001, 2 (3): 257−266.

[37] Lambrechts W., Ceulemans K.. Sustainability Assessment in Higher Education: Evaluating the use of the Auditing Instrument for Sustainability in Higher Education (AISHE) in Belgium. Sustainability Assessment Tools in Higher Education Institutions[M]. Springer International Publishing, 2013: 157−174.

[38] Lauder A., Sari R. F., Suwartha N., et al.. Critical review of a global campus sustainability ranking: GreenMetric[J]. Journal of Cleaner Production, 2015, 108: 852−863.

[39] Levy J. I., Dilwali K. M.. Economic incentives for sustainable resource consumption at a large university—Past performance and future considerations[J]. International Journal of Sustainability in

Higher Education, 2000, 1 (3): 252−266.

[40] Lozano R.. A tool for a Graphical Assessment of Sustainability in Universities (GASU)[J]. Journal of Cleaner Production, 2006, 14 (9−11): 963−972.

[41] Lozano R.. Incorporation and institutionalization of SD into universities: breaking through barriers to change[J]. Journal of Cleaner Production, 2006, 14 (9): 787−796.

[42] Martin M. J., Rigola M.. Incorporating cleaner production and environmental management systems in environmental science education at the University of Girona[J]. International Journal of Sustainability in Higher Education, 2001, 2 (4): 329−338.

[43] Mieg H. A.. University-based projects for local sustainable development[J]. International Journal of Sustainability in Higher Education, 2000, 1 (1): 67−83.

[44] Miller C. L.. Implementing sustainability: the New Zealand experience[M]. Routledge, 2011.

[45] Ness B., Urbel−Piirsalu E., Anderberg S., et al.. Categorising tools for sustainability assessment[J]. Ecological Economics, 2007, 60 (3): 498−508.

[46] Neumayer E., Dahle M.. Overcoming barriers to campus greening: A survey among higher educational institutions in London, UK[J]. International Journal of Sustainability in Higher Education, 2001 (2): 139−160.

[47] Noeke J.. Environmental management systems for universities—

A case study[J]. International Journal of Sustainability in Higher Education, 2000, 1 (3): 237−251.

[48] Nobes D. C.. Building on the foundations: Environmental science at the University of Canterbury, Christchurch, New Zealand[J]. International Journal of Sustainability in Higher Education, 2002, 3 (4): 371−379.

[49] O'Riordan, T.. The Politics of Sustainability[A]. R. K. Turner (ed.) Sustainable Environmental Economics and Management: Principles and Practice[C]. New York: Belhaven Press. 1993: 37−70.

[50] Orr D. W.. Earth in Mind: On Education, Environment, and the Human Prospect [J]. Colleges, 1994, 29 (1): 169−170.

[51] Pope J., Annandale D., Morrison−Saunders A.. Conceptualising sustainability assessment[J]. Environmental Impact Assessment Review, 2004, 24 (6): 595−616.

[52] Ramos T., Pires S. M.. Sustainability Assessment: The Role of Indicators[M]// Sustainability Practices in Higher Education Institutions: Mapping Trends and Good Practices Around the World, 2013: 81−99.

[53] Regier, H.A. and E.A. Bronson.. New Perspectives on Sustainable Development and Barriers to Relevant Information[J]. Environmental Monitoring and Assessment, 1992, 20: 111−120.

[54] Roorda N.. Backcasting the future[J]. International Journal of Sustainability in Higher Education, 2001, 2 (1): 63−76.

[55] Segovia V. M., Galang A. P.. Sustainable development in higher

education in the Philippines[J]. Higher Education Policy, 2002, 15 (2): 187−195.

[56] Sharp L.. Green campuses: the road from little victories to systemic transformation[J]. International Journal of Sustainability in Higher Education, 2002, volume 3 (3): 128−145.

[57] Shriberg M.. Institutional assessment tools for sustainability in higher education: strengths, weaknesses, and implications for practice and theory[J]. Higher Education Policy, 2002, 15 (2): 153−167.

[58] Starik M., Schaeffer T. N., Berman P., et al.. Initial environmental project characterizations of four US universities[J]. International Journal of Sustainability in Higher Education, 2002, 3 (4): 335 − 345.

[59] Sterling, S.. Education in Change[A]. John H. and S. Sterling (ed). Education for Sustainability[C]. London: Earthscan.1996: 18−39.

[60] Suwartha N., Sari R. F.. Evaluating UI GreenMetric as a tool to support green universities development: assessment of the year 2011 ranking[J]. Journal of Cleaner Production, 2013, 61 (61): 46−53.

[61] Thaman K. H.. Shifting sights: the cultural challenge of sustainability[J]. Higher Education Policy, 2002, 15 (2): 133−142.

[62] Thomashow M.. The Nine Elements of a Sustainable Campus[J]. Sustainability the Journal of Record, 2014, 7 (3): 174−175.

[63] Tony A. and D. Blair. Greening the Universities[A]. John H. and

S. Sterling ed. Education for Sustainability[C]. London: Earthscan. 1996: 86−103.

[64] UNESCO−CEPES. Berlin Principles on Ranking of Higher Education Institutions [EB/OL].[2016−12−8]. http: //www.che.de/downloads/Berlin_Principles_IREG_534.pdf.

[65] Venetoulis J.. Assessing the ecological impact of a university: The ecological footprint for the University of Redlands[J]. International Journal of Sustainability in Higher Education, 2001, 2 (2): 180−197.

[66] Verbitskaya L. A., Nosova N. B., Rodina L. L.. Sustainable development in higher education in Russia[J]. Higher Education Policy, 2002, 15 (2): 177−185.

[67] Vught F. A. V., Westerheijden D. F., Ziegele F.. Introduction: Towards a New Ranking Approach in Higher Education and Research[M]// Multidimensional Ranking. Springer Netherlands, 2012: 1−7.

[68] Wals A. E. J., Jickling B.. "Sustainability" in higher education: from doublethink and newspeak to critical thinking and meaningful learning[J]. Higher Education Policy, 2002, 15 (2): 121−131.

[69] Warburton K.. Deep learning and education for sustainability[J]. International Journal of Sustainability in Higher Education, 2003, 4 (1): 44−56.

[70] Weenen H. V.. Towards a vision of a sustainable university[J].

International Journal of Sustainability in Higher Education, 2000, 1 (1): 20–34.

[71] Wemmenhove R., Groot W. T. D.. Principles for university curriculum greening–An empirical case study from Tanzania[J]. International Journal of Sustainability in Higher Education, 2001, 2 (2): 267–283.

[72] Wolfe V. L.. A survey of the environmental education of students in non-environmental majors at four-year institutions in the USA[J]. International Journal of Sustainability in Higher Education, 2001, 2 (4): 301–315.

[73] Wright T. S. A.. Definitions and frameworks for environmental sustainability in higher education[J]. Higher Education Policy, 2002, 15 (2): 105–120.

[74] Wright T. S. A.. Definitions and frameworks for environmental sustainability in higher education[J]. International Journal of Sustainability in Higher Education, 2002, 3 (3): 105–120.